STOCK PRICE ANALYSIS

Python

でできる！

株価
データ
分析

WINGS プロジェクト

片渕彼富 [著]
山田祥寛 [監修]

森北出版

はじめに

近年，IT の進歩により，大量のデータを分析しその傾向や法則性を読みとって業務を改善する，という試みが多くなされています．開発ツールの拡充で，個人レベルでもデータを分析してその結果と原因の関連を考えることは比較的簡単にできるようになりました．そしてそれは，株価分析をはじめとするファイナンス分野でも同様です．

2020 年以降，新型コロナウィルス (COVID 19) によって経済活動が停滞しています．その状況下で，NY ダウが過去最高を更新したり，日経平均株価が 30 年ぶりに 3 万円台に迫るなどの不可解な現象も見られました．このような現象も，株価データを分析することで説明したり予想したりすることができます．

データ分析を行ううえで，最も注目されているプログラム言語は Python です．Python はプログラム言語の仕様として，わかりやすいシンプルな構文で処理を記述できるように設計されています．さらに，標準ライブラリとして多くの機能が用意されています．簡単にいうと，Python は「覚えることが少なく，作成する処理も少なくて済む」というプログラム言語といえます．

まさしくプログラムや株価分析を行う初学者にとって最も適したプログラム言語です．

また，本書では Google が提供している Python の実行環境 Google Colaboratory を利用します．これにより，実行環境を準備することなくすぐに無料で Python での株価分析を行うことができます．

機械的に行うデータ分析以外にも，移動平均やローソク足など従来の株価データの見方においてもできるだけ多くの説明をするように配慮しています．

本書の内容は，@IT での連載記事『「Python」×「株価データ」で学ぶデータ分析のいろは (https://atmarkit.itmedia.co.jp/ait/series/24525/)』を加筆修正したものです．

株価分析だけでなくデータの扱い方や見方など，本書での例が読者の皆様が何らかのデータを活用する際に役立つことを願ってやみません．

最後に，森北出版の編集諸氏，執筆の機会を与えてくださいました WINGS プロジェクトの山田祥寛様，山田奈美様，関係者御一同様に深く感謝を申し上げます．

2022 年 12 月

WINGS プロジェクト　片渕彼富

サンプルプログラムの利用法

[実行環境を用意する]

本書のサンプルはすべて Google Colaboratory で実行することを前提として作成しています．1.2 節「Python の実行環境」の手順に従って，Google Colaboratory を利用できるようにして下さい．

[ダウンロードしたファイルを解凍する]

本書で使用しているサンプルプログラムは，以下のサポートページよりダウンロードできます．

https://wings.msn.to/index.php/-/A-03/978-4-627-85711-7/

ダウンロードしたファイル「py_sample.zip」は ZIP 形式で圧縮されています．ファイルを解凍（展開）すると「py_sample」フォルダーが作成されて，その中にある「sample」フォルダーを開くと「ch1」〜「ch9」の章ごとのフォルダーが表示されます．各章で使用しているサンプルプログラムが収録されています．

[サンプルプログラムをアップロードする]

実行したいサンプルプログラムのファイルを Google ドライブの任意の場所にアップロードします．

[サンプルプログラムを実行する]

アップロードしたサンプルプログラムをダブルクリックすると，Google Colaboratory でファイルが開かれます．その後は，1.2.4 項「Google Colaboratory で Python のコードを実行する」の手順に従って，サンプルコードを実行して下さい．

目　次

株価分析を始める準備

1.1 データ分析と Python

　株価分析を始める前の準備として, データ分析とは何か, どのようにして行うものなのかを簡単に整理しておきましょう.

1.1.1 データ分析とは

　データ分析とは, 数値／文字／記号などの膨大なデータを整理したり分類したりしながら, 目的に沿った情報を分析して抽出することです (図 1.1). 場合によっては, 情報を収集する作業や取捨選択する作業もデータ分析に含めることもあります.

さまざまなデータ　　　整理・分類　　　有効なデータ　　　分析　　　結果

図 1.1 データ分析のフロー

　大量のデータを分析できるプログラム言語の登場や, データ分析を行うインフラが安価に提供されるなどの IT の進歩により, 多大なデータを自動的に収集して処理することは容易になりました. さらにいえば, 支社や店舗単位でバラバラのフォーマットで記入されたエクセルの表や, どんな目的で行ったか忘れてしまったアンケートの結果などの過去データを統合して整理することも, IT を使うことで比較的容易になりました. 商業施設の購買データやゲームアプリのアクセスログなどは, 成果に対してどのような要因がどのように影響を与えているかがわかりやすいので, データ分析の例としてよくあげられます. 大量のデータを解釈することは, データの中の普遍的な法則性を見出す

／将来の予想を行う／業務を効率化する，など多数のメリットがあります．このような理由でデータ分析は，企業／役所／学校などのさまざまな方面から非常に注目されています．

1.1.2 Python とは

Python は，「読みやすさ・わかりやすさ」を重視して 1990 年代初めに公開された，オープンソースのプログラム言語です．ほかのプログラム言語に比べると，短くわかりやすいコードで処理を記述できるという特徴をもちます．そのため，初心者向けのプログラム言語として紹介されることも多いです．

また，Python は汎用的に利用できるプログラム言語であり，組み込み開発，デスクトップアプリケーション，Web アプリケーション，データ分析，人工知能の開発など，多岐にわたって利用されています．プログラムの容易さとさまざまな目的で使える汎用性から，その利用は日々広がっています．

Python には，目的別に機能をまとめた**ライブラリ**が豊富にあります．ライブラリには表 1.1 の 2 種類があります．

表 1.1　ライブラリの種類

名称	概要
標準ライブラリ	標準で備わっていてすぐ利用できるライブラリ
外部ライブラリ	インストールが必要なライブラリ

データ分析のような特別な目的のために Python を利用する場合には，目的に合った外部ライブラリを利用するケースが多いです．ライブラリの機能を利用することで，まったくのゼロからプログラムを書くという作業はなくなります．豊富なライブラリが手軽に利用できることと，プログラムコードが比較的簡単に書けることが，Python がデータ分析でよく利用される理由の 1 つです．

1.1.3 株価分析と Python について

株価分析とは，企業の財務状況や株価データを分析して今後の株価の動きを予想することです．株価分析には次の 2 つの手法があります．

（1）　ファンダメンタルズ分析

ファンダメンタルズとは，経済状態を表す指標のことです．ファンダメンタルズ分析とは，財務状況や業績などをもとに企業の価値を分析し，株価が適正であるか，今後上がる可能性があるかを分析する手法のことです（図 1.2）．

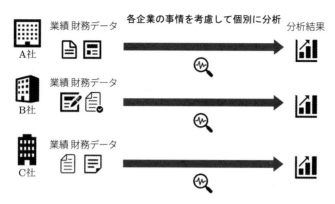

図 1.2　ファンダメンタルズ分析

　企業の成長性，収益性，安定性などから，現在の企業価値よりも現在の株価が安い企業を探すという作業が必要です．企業の財務データや決算書に基づいた分析なので，確実性の高い分析手法です．その反面，各企業の事情に応じて財務状況を判断しなければならないことや，会計の知識なども必要なため，分析が容易ではないケースが多いです．

(2)　テクニカル分析

　テクニカル分析とは，過去の株価の動きからトレンドやパターンを見出して，今後の株価の動きを予想する分析手法です．具体的には，過去の株価の動きを図／表／グラフといった**チャート**で可視化した後に，株価が今後上がる／下がるポイントを予想し，売買のタイミングを判断する方法がとられます．

　可視化したチャートを用いるため，特別な知識を持ち合わせていなくても株価の動きがなんとなく予想できるという特徴があります．

　ファンダメンタルズ分析がさまざまな財務データをもとにした分析であるのに対して，テクニカル分析は過去の株価データのみをもとにした分析です（図1.3）．つまり，

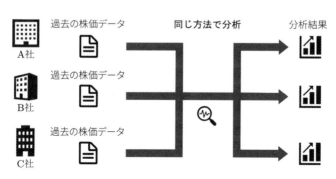

図 1.3　テクニカル分析

どの企業に対しても，分析の手法を変えることなく，過去の株価データを用いて同じ方法で株価の動きを分析できます．

テクニカル分析は，過去の株価データから機械的に分析を行うので，プログラムとの相性も非常によいです．

本書では，Python を用いた株価のテクニカル分析について説明します．Python では，株価分析を行うライブラリが多数公開されています．チャートの可視化についてもライブラリはいくつも公開されています．

(1.2) Python の実行環境

Python には，ブラウザ上でコードを実行して結果を確認できる環境があります．この環境を利用すると，データ分析のような大きな処理でも細かく結果を確認しながら作業を進めることができます．

1.2.1 Python の実行環境 Google Colaboratory

Google Colaboratory（グーグルコラボレイトリー）とは，Google が機械学習の教育および研究用に提供している，ブラウザ上で Python のプログラムコードを実行できるサービスです．

機械学習とは，コンピューター大量のデータを分析し，データ内の法則やパターンを発見することです．通常，機械学習を行うには，スペックの高い端末と多数のライブラリが必要です．端末を長時間安定して動かすことに加えて，ライブラリのバージョンやライブラリ同士の相性などもあり，実行環境を準備するだけでも大変手間のかかるものです．Google Colaboratory は，Google のサーバー内で構築した仮想的な環境の中の仮想マシンのサービスがバックエンドに存在します．仮想マシンとは，物理的なコンピューターと同じ機能をソフトウェア上で実装したものです．

図 1.4 のように，Google アカウント 1 つに対して，1 台の仮想マシンが割り当てられていると考えてください．

各仮想マシンに主要な機械学習のライブラリが最初からインストールされており，この点で手間がかかることはありません．Google Colaboratory には，無料プラン (Colab) のほかに，有料プランがあります．有料プランを利用することで，より速い CPU やより多いメモリの仮想マシンが割り当てられます．詳しくは Google Colaboratory のページ (https://colab.research.google.com/signup) で確認できます．本書のサンプルはすべて Google Colaboratory の無料プランで実行できますが，利用するには Google アカウントが必要です．Google アカウントをもっていない場合は，Google アカウントの作

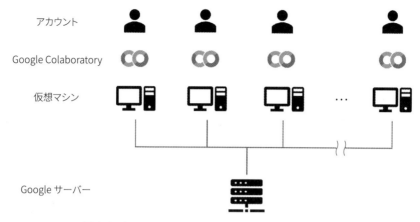

アカウント

Google Colaboratory

仮想マシン

Google サーバー

図 1.4　Google Colaboratory のバックエンドのイメージ

成画面 (https://www.google.com/intl/ja/account/about/) からアカウントを作成して
ください.

1.2.2 Google Colaboratory をインストールする

Google Colaboratory は，Chrome／Firefox／Safari の各 Web ブラウザに対応して
います．本書では，同じ Google の製品である Chrome を利用します．また，Windows
と mac で手順は同じです.

Google Colaboratory を利用するためには，次の Google ドライブのページ (https://
www.google.com/intl/ja/drive/) に Google アカウントでログインしてください.
Google Colaboratory は，Google ドライブと接続して利用するアプリとしてサービス
が提供されています．初期設定の手順は次のとおりです.

[1] 新規にアプリを追加する

Google ドライブのマイドライブ (https://drive.google.com/drive/my-drive) にアク
セスします.

Google ドライブが開くので，左上の［新規］ボタンをクリックし，表示されるメニュー
から［その他］–［アプリを追加］を選択します（図 1.5，1.6）.

図 1.5　Google ドライブ

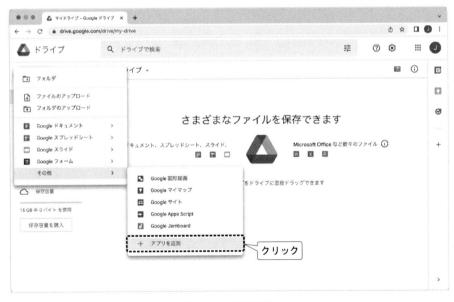

図 1.6　アプリを追加

[2] アプリを選択する

　別のウィンドウで，Google ドライブで利用できるアプリの一覧が表示されます（図1.7）．検索窓に「Colaboratory」と入力し，Google Colaboratory を検索します（図1.8）．

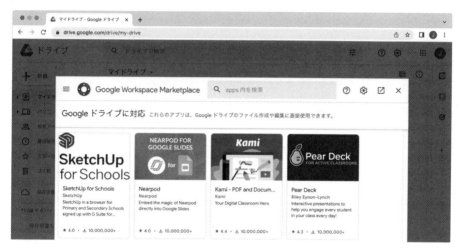

図 1.7　アプリの一覧

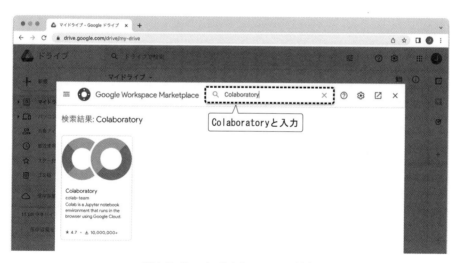

図 1.8　Google Colaboratory の検索

[3] Google Colaboratory をインストールする

　検索結果として表示された［Google Colaboratory］をクリックして詳細を表示した後に，［インストール］−［続行］ボタンをクリックします（図 1.9，1.10）．すると，Google Colaboratory のインストールが開始されます．インストール自体は数秒で終わります．

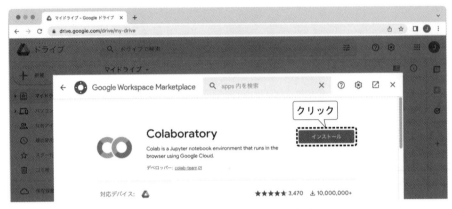

図 1.9　Google Colaboratory の詳細（1）

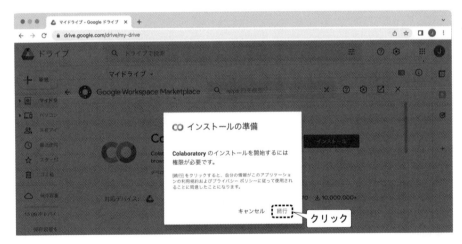

図 1.10　Google Colaboratory の詳細（2）

[4] Google Colaboratory のインストールを完了する

　インストールが完了した旨のウィンドウが表示されることを確認します（図 1.11）.
ほぼ同時に Google Colaboratory が Google ドライブと接続したことが通知されます
（図 1.12）.

　Google Colaboratory が Google ドライブと接続できた後に，Google ドライブから
Google Colaboratory が利用できるようになります.

図 1.11　Google Colaboratory のインストール完了

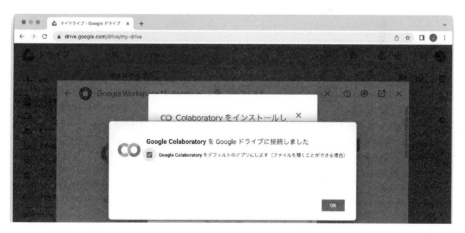

図 1.12　Google Colaboratory と Google ドライブ接続完了

1.2.3 **Google Colaboratory** でファイルを作成して保存する

Google Colaboratory で Python のプログラムコードを実行するためには，先に実行するためのファイルの作成が必要です．最初に Google Colaboratory でのファイルの作成と保存の手順を説明します．

[1] 新規にファイルを作成する

Google Colaboratory は Google ドライブから利用します．Google ドライブを Chrome で開いた後に，左上の［新規］ボタンから［その他］-［Google Colaboratory］を選択します（図 1.13）．

図 1.13 Google Colaboratory の新規ファイルを作成

[2] 作成されたファイルを確認する

「Untitled0.ipynb」のファイル名で Google Colaboratory の新規ファイルが作成され
ます（図 1.14）.

図 1.14　Google Colaboratory の新規ファイル作成後

[3] ファイル名を変更する

左上の［Untitled0.ipynb］の部分をクリックすると，ファイル名が編集できます.
サンプルでは「test.ipynb」の名前に変更しています（図 1.15）.

図 1.15　作成したファイル名の変更

[4] ファイルを保存する

Google ドライブでは作成したファイルは一定時間が経過すると自動的に保存されま
す. 手動で保存したい場合は，［ファイル］－［保存］を選択します（図 1.16）.

図 1.16　ファイルの保存

[5] 保存されたファイルを確認する

　Google ドライブ内にファイルが保存されていることを確認します（図 1.17）.

　Google Colaboratory は Google ドライブ内で利用するものなので，Google Colaboratory のファイルはすべて Google ドライブで管理されます. 作成したファイルはすべて自動的に Google ドライブに保存されます.

図 1.17　ファイルの保存の確認

Google Colaboratory は，ブラウザ上でプログラムを実行する **Jupyter Notebook**（ジュピターノートブック）というアプリケーションをもとに開発されています．Google Colaboratory の UI は，Jupyter Notebook と非常によく似ています．そのため，Google Colaboratory で管理するファイルのことをノートブック，プログラムコードを実行する部分をコードセル，または単にセルという具合に，Jupyter Notebook で使われる名称でよぶことが多いです．

1.2.4 **Google Colaboratory で Python のコードを実行する**

図 1.18 の Google Colaboratory の画面で，Python の実行に関するものは表 1.2 のとおりです．

図 1.18　Google Colaboratory のファイル

表 1.2　Google Colaboratory 内の名称

番号	名前	概要
①	コードセル	Python のコードを記述する部分，セルともよぶ
②	実行ボタン	コードセル内のコードを実行
③	コードセル追加ボタン	新しいコードセルを追加
④	削除ボタン	コードセルを削除

コードセル内に実行したい Python のコードを記述し，実行ボタンを押すことで結果をすぐに確認できます．「Hello」という文字列を表示したい場合は，次のコードをコードセル内に記述して実行ボタンを押します（図 1.19）．コードは半角英数で記述してください．

[リスト 1.1] 文字列の表示（Ch1.ipynb 抜粋）

```
print("Hello")
```

図 1.19 文字列の表示

図 1.19 の中の破線で囲った部分が，実行結果が表示される領域です．Google Colaboratory の特徴ですが，セルの最後に変数を記述すると，その変数の内容を出力します．新しく Python のコードを実行するために，コードセル追加ボタンを押して新しくコードセルを追加します（図 1.20）．

図 1.20 文字列の表示

現在時刻を表示する次のコードを実行してみます（図 1.21）．

[リスト 1.2] 現在時刻の表示（Ch1.ipynb 抜粋）

```
from datetime import datetime
from pytz import timezone

# 日本のタイムゾーン
tokyo = timezone('Asia/Tokyo')

# 日本時間
now = datetime.now(tokyo)

# フォーマットを指定して現在の日時を表示
now.strftime('%Y 年 %m 月 %d 日 %H:%M:%S')
```

図 1.21　現在時刻の表示

　Python では，クラスや関数など，ほかのプログラムから呼び出されることを前提として定義したファイルを**モジュール**といいます．プログラムコードの最初で import 文を使って，モジュールで定義されたクラスや関数をインポートしてプログラムコードで使えるようにします．

[**構文 1.3**] import 文

```
from % モジュール名 % import % クラス名や関数名 %
```

　行頭に「#」がついている行は，プログラムでは実行されない**コメント**です．処理の覚え書きなどに使われます．

　前述したとおり，Python にはさまざまな処理がまとめられたライブラリが数多く存在します．サンプルでは，日時を扱う datetime とタイムゾーンを扱う pytz というライブラリを利用して，東京の現在時間を表示しています．Python では，処理をゼロからすべて作成することはなく，必要な部分の処理だけを作成すればよいことを覚えておいてください．

　また，Google Colaboratory では，このように小さくセルを分けてコードを実行して結果を確認できます．データ分析のようにさまざまな試行錯誤を繰り返す作業に向いています．

1.2.5 Google Colaboratory でオブジェクトの表示を確認する

　結果として表示できるのは，文字列だけではありません．コードセルの最後がオブジェクトや文字列といったテキストとして表示できるものでない場合は，オブジェクトの型や値をそのまま表示します．

前項のサンプル内の変数「now」を実行すると，図 1.22 のように表示されます．

[リスト 1.4] オブジェクトの表示（Ch1.ipynb 抜粋）

```
now
```

図 1.22　オブジェクトの表示

サンプルを実行すると，変数 now は DateTime 型のオブジェクトであることがわかります．

Python でよく利用される基本的な型には，表 1.3 のものがあります．

表 1.3　Python の基本的な型

型名	概要
str 型	文字列
int 型	整数
float 型	小数点
bool 型	真偽値
list 型	リスト
dict 型	辞書
DateTime 型	日付と時刻

株価分析の過程でも，デバッグのために処理の途中でオブジェクトを表示して処理の進み具合を確認することがよくあります．Google Colaboratory では，コードセルの最後にデバッグしたい変数を配置することで，その変数の内容を表示できることを覚えておいてください．

1.2.6 ライブラリをインストールする

Python のライブラリは，**Python Package Index**（略称 PyPI）というパッケージ管理システムで管理されており，**pip** というコマンドでインストールできます．

pip コマンドでは，インターネット上からインストールするライブラリを検索し，ダウンロードからインストールまで自動的に行います．

mplfinance という財務データを視覚化するライブラリをインストールする場合は，次のコードを実行します（図 1.23）．

[リスト 1.5] mplfinance のインストール（Ch1.ipynb 抜粋）

```
!pip install mplfinance
```

図 1.23 pip でのライブラリのインストール

pip コマンドの前の「!」は，プログラムコードではなく OS 側で実行されるコマンドという意味です．

ライブラリのインストールは，コードの実行よりも少し時間がかかります．かかる時間はインストールするライブラリによって異なります．

実行した後に，「Successfully installed ライブラリ名 – バージョン」というインストールが成功したというメッセージが表示されていることを確認してください．ライブラリがインストールされた後は，プログラムコードから import 文でライブラリを呼び出して利用することができます．

Google Colaboratory の無料版では，3 時間程度動作を行わなかった場合，Python の実行環境は自動的にリセットされます．pip コマンドでインストールされたライブラリも消失します．このような場合は，pip コマンドでライブラリをインストールするところから始めてください．

● まとめ

　本章では，株価データの分析の準備段階として，Google が機械学習用に提供している Google Colaboratory を用いて Python の実行環境を準備しました．Google Colaboratory は，ブラウザがあればどこでも機械学習やデータ分析を試すことができるものです．Python のプログラムコードに関しても，記述したものは自動的に Google ドライブ内に保存されます．プログラムで何か作業を始めるときに，特別な環境や条件が必要だとなかなか長続きしません．Google Colaboratory を利用することで，環境周りの問題は自動的に解決できます．ぜひとも早く，Google Colaboratory の使い方に慣れてください．

株価データの構造

この章の目標　株価データの構造と見方を理解しましょう.

2.1 株価データの概要

最初に, 株価データや株価チャートを見るために必要な用語と概要を整理します.

2.1.1 株価データとは

株価とは, 株式市場において売買が成立したときの価格のことです. 株価を分析していくうえで必要な用語を, 表 2.1 に簡単にまとめます. 株価に詳しくない方でもニュースサイトや新聞などで一度は目にしたことがあると思います.

表 2.1　株価分析に必要な用語

名称	意味
株価	売買が成立したときの価格
銘柄	株式を発行する企業名のこと
銘柄コード	上場企業に割り当てられている 4 桁の番号
始値	ある期間の中で, 初めて取引された株価
高値	ある期間の中で, 一番高い株価
安値	ある期間の中で, 一番低い株価
終値	ある期間の中で, 最後に取引された株価
出来高	ある期間の中で, 成立した売買の数

株価データとは, 一定の期間の中で, 株価の始値／高値／安値／終値をまとめたものです. 最もよく利用される期間は日です. ニュースサイトや証券会社のサイトで既定で扱われる株価データは, 図 2.1 のように日単位のものです.

長期的な株価の動きを参照する場合は, 週や月の株価データを利用します. 逆に, 短期間の株価の動きを参照する場合は, 15 分や 3 分などの分単位の株価データを利用します.

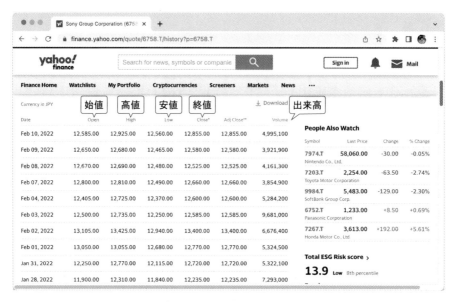

図 2.1　米国 Yahoo Finance 上で表示されるソニーグループの株価データ

　本書では，日単位での株価データを分析する例をあげるので，始値／高値／安値／終値は 1 日単位で扱います．

　始値／高値／安値／終値の 4 つの中で最も重視するのは終値です．終値は，明日どのように株価が動くかという判断に最も関連する価格だからです．本書では，終値をベースに分析を進めます．

　一般的に，株価データという場合は，「始値／高値／安値／終値」のセットのことを指します．データ分析においては，株価データのフォーマットをより正確に，表 2.2 の名称でよぶことが多いです．

表 2.2　株価データの名称

名称	意味
OHLC	始値／高値／安値／終値をまとめたもの
OHLCV	OHLC に出来高を加えたもの

　これらは，始値 (Open)／高値 (High)／安値 (Low)／終値 (Close)／出来高 (Volume) の頭文字を繋げた名称です．

　Python のライブラリの配布元サイトや米国 Yahoo Finance など英語圏のサイトでは，上記の名称でドキュメント内の株価データの形式を表現しています．

2.1.2 株価チャートとは

株価チャートとは，株価データをグラフ化して見やすくしたものです．単に**チャート**とよぶこともあります．株価チャートでよく利用される 2 種類のグラフを，ソフトバンク (9434) のチャートの例とともに説明します．

［移動平均線］

移動平均線とは，一定期間の株価の終値から平均値を計算して折れ線グラフで表したものです（図 2.2）．

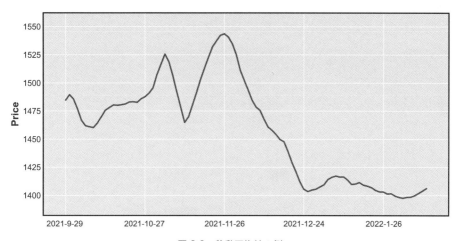

図 2.2　移動平均線の例

　当日を含めて過去何日間かの株価を毎日計算して平均値を算出するため，平均値が毎日移動していくことから，**移動平均**（Moving Average，略称 MA）とよばれます．n 日間の移動平均線のことを，n 日移動平均線という呼び方をします．

　移動平均線は，株価の大まかな動きをつかみ，これから上がる／下がる／あまり動かないといった方向性を見るために利用される代表的なチャートです．移動平均線を利用する目的は，一定期間の株価の平均値をグラフにすることで，株価の変動をわかりやすくする，というものです．

　よく利用される移動平均線には，表 2.3 の種類があります．

　単純移動平均では，どの期間でも同じように平均値を算出します．これに対して，直近の株価を重視して移動平均を算出するために考えられたものが，**加重移動平均**と**指数平滑移動平均**です．これらの平均線は直近の株価を重視するため，株価の変動がすぐに線に反映されやすいです．ですが，直近の株価が線の動きに反映されやすいため，少しの株価の変動で線が動きすぎるという面もあります．初心者のうちは，移動平均線の中

表 2.3　移動平均線の種類

名前	概要	特徴
単純移動平均線	一定期間を対象にして算出	どの期間を見ても計算方法が同じ
加重移動平均線	最新の株価に比重を置き，過去の株価ほど比重が小さくなるように算出	株価変動に対して反応が早い
指数平滑移動平均線	最新の株価に比重を置き，過去の株価ほど比重が小さくなるように平滑化係数を利用して算出	株価変動に対して最も反応が早い

で最も基本となる**単純移動平均線**（Simple Moving Average，略称 SMA）のチャートにまず慣れたうえで，必要があれば加重移動平均線や指数平滑移動平均線も利用してみるのがよいでしょう．本書でも，単純移動平均線に絞って解説します．

［ローソク足チャート］

ローソク足とは，一定の時間内での始値，高値，安値，終値を 1 本の棒状グラフに表示したものです（図 2.3(a)）．株価の分析では，ローソク足が用いられることが非常に多いです．

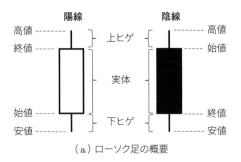

（a）ローソク足の概要

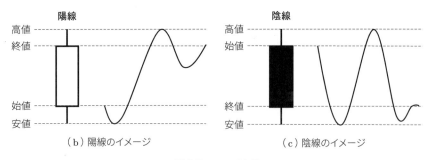

（b）陽線のイメージ　　　（c）陰線のイメージ

図 2.3　ローソク足

始値に比べて終値が高い場合を**陽線**，始値に比べて終値が低い場合を**陰線**といいます．一般的には，陽線を明るい色，陰線を暗い色で表示します．陽線と陰線で株価の動きを示すと，図 2.3(b)，(c)のようになります．

株価は常に上下するので，一定の期間の中で最終的な動きをまとめるのにローソク足は非常に便利です．このローソク足を時系列に並べたチャートをローソク足チャートといいます（図 2.4）．

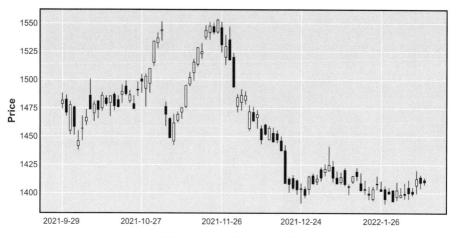

図 2.4　ローソク足チャートの例

ローソク足チャートは，江戸時代の日本で米相場を予測するために考案されたチャートです．現在では，キャンドルスティックの名前で世界中で利用されています．ローソク足チャートの目的は，過去のデータも含めて株価の変動の推移を一目で把握しやすくすることです．

2.1.3 株価チャートからわかること

2 つの株価チャートを見ながら，株価の動きについてわかることを少し考えてみましょう．ローソク足チャートには，株価の推移が比較的わかりやすく表れます（図 2.5）．

長い陽線が出たり，陽線が連続して出現したりすると株価は上がりやすい（①），その逆に，長い陰線が出たり，陰線が連続して出現したりすると株価は下がりやすい（②），といったことがローソク足チャートから読みとれます．

さらにチャートから株価の推移を読みとるために，ローソク足チャートに 5 日移動平均線を重ねてみます（図 2.6）．すると，次のことがわかります．

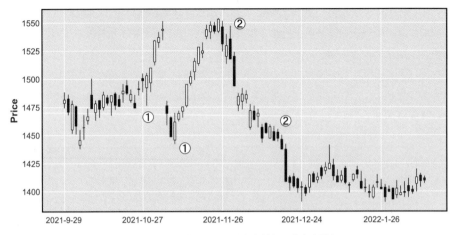

図2.5　ローソク足チャートから株価の動きを読む

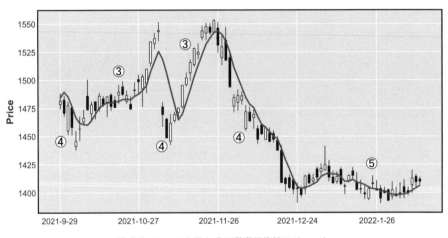

図2.6　ローソク足と5日移動平均線のチャート

③周辺：ローソク足自体もしくはローソク足の胴体が移動平均線より上にある場合は，
　　　　株価の上昇が続きやすい

④周辺：ローソク足自体もしくはローソク足の胴体が移動平均線より下にある場合は，
　　　　株価の下降が続きやすい

⑤周辺：ローソク足の胴体が移動平均線の上／下にあるとはいえない状態が続く場合
　　　　は，株価に大きな変動はない

グラフからでもなんとなく株価の推移は予想できますが，株価データの視覚化以外に
データ的な裏づけもあると，より詳しい分析ができます．次章以降ではこの点を中心に
説明していきます．

２.２ 株価データの取得

株価データ分析の前段階として，Python で株価データを取得する方法をライブラリ
と Google ドライブの利用法を含めて説明します．

2.2.1 株価分析で利用するライブラリについて

ライブラリは，プログラムを組むうえで作成することになる汎用的な機能を再利用し
やすい形でまとめたものです．1.1.2 項で述べたように，Python では，標準で用意さ
れている標準ライブラリとインストールが必要な外部ライブラリの 2 種類があります．
データ分析を行う場合は，Numpy と Pandas というデータ分析用の 2 つの外部ライ
ブラリを利用します．

［**Numpy**］

高度な数値計算を処理するライブラリです．配列間の演算や，多次元配列の計算など
の複雑な演算処理を高速で実行できます．

［**Pandas**］

効率よくデータ解析を進めるための機能を提供するライブラリです．データを管理す
る表のオブジェクトを管理し，データの加工や解析ができます．

Numpy／Pandas の両ライブラリは，Python のデータ分析においてセットでよく利
用されています．そのため，Google Colaboratory には標準で両ライブラリが組み込ま
れており，特別にインストールすることなく利用できます．

2.2.2 ライブラリから株価データを取得する

Pandas ライブラリから派生した **pandas-datareader** ライブラリを利用すると，イ
ンターネットで公開されている株価や為替レートなどの金融データや人口データなどを
取得できます．

データの入手元として公開されているサービスは表 2.4 のとおりです．この中から
サービスを指定して，pandas-datareader から目的のデータを取得できます．ただし，
サービス元の都合でデータを取得できないこともあります．ここでは，比較的安定して

表2.4 データの入手先

サービス名	URL
Alpha Vantage	https://www.alphavantage.co/
Econdb	https://www.econdb.com/
Enigma	https://enigma.com/
Eurostat	https://ec.europa.eu/
IEX	https://iexcloud.io/
Kenneth French's data library	https://mba.tuck.dartmouth.edu/
Nasdaq Trader symbol definitions	https://nasdaqtrader.com/
Naver Finance	https://finance.naver.com/
MOEX	https://www.moex.com/
OECD	https://stats.oecd.org/
Quandl	https://data.nasdaq.com/
Stooq	https://stooq.pl/
St.Louis FED (FRED)	https://fred.stlouisfed.org/
Thrift Savings Plan	https://www.tsp.gov/
Tiingo	https://www.tiingo.com/
World Bank	https://data.worldbank.org/
Yahoo Finance	https://finance.yahoo.com/

日本株のデータを取得できる Stooq を経由して pandas-datareader から株価データを取得してみます.

　Stooq はポーランドの企業が運営する金融ポータルサイトで, 無料で株価データを取得することができます.

　ソフトバンク (9434) の直近の株価データを取得するには, 次のコードを実行します.

[リスト 2.1] ソフトバンク (9434) の株価データ取得 (Ch2.ipynb 抜粋)

```
import pandas_datareader.data as pdr
df = pdr.DataReader("9434.JP", "stooq")
df
```

　取得した株価データは, 変数 df に格納されます. コードブロックの最後に「df」を記述することで, df の内容を表示して確認することができます. サンプルを実行すると, 図2.7のように取得した株価データが表示されます.

Date	Open	High	Low	Close	Volume
2022-02-10	1453.50	1455.50	1449.00	1451.50	8612200
2022-02-09	1456.00	1458.00	1445.50	1451.00	14379300
2022-02-08	1448.50	1462.00	1441.00	1454.50	17920500
2022-02-07	1443.00	1446.50	1439.00	1441.00	11911100
2022-02-04	1446.50	1453.50	1436.00	1441.50	11807700
...	...	...	...	...	...
2018-12-26	1086.74	1099.26	1076.70	1090.07	14494424
2018-12-25	1092.57	1103.44	1036.57	1062.49	44159036
2018-12-21	1069.17	1149.43	1065.84	1100.10	77805144
2018-12-20	988.92	1095.08	983.07	1083.37	127235356
2018-12-19	1222.99	1223.83	1071.68	1071.68	324780602

762 rows × 5 columns

図 2.7 取得したソフトバンクの株価データの表示

知っておきたい！Python 文法

import 文で呼び出したモジュール名やクラス名は，「as ％略称％」をつけることでプログラムコード内で略称で扱うことができます．リスト 2.1 では，pandas_datareader.data のモジュールを略称「pdr」で利用しています．

---

pandas_datareader.data ライブラリの DataReader メソッドを呼び出すだけで，インターネットから株価データを取得することができます．DataReader メソッドの書式は次のとおりです．

［書式 2.2］ DataReader メソッド（Ch2.ipynb 抜粋）

```
％株価データ％ = ％pandas_datareader.data オブジェクト％
        .DataReader(％銘柄コード％.％国コード％, ％サービス名％)
```

ソフトバンクの銘柄コードが「9434」，日本の国コードが「JP」なので，リスト 2.1 では「9434.JP」とサービス名「stooq」を指定して DataReader メソッドを実行しています．

取得する株価の銘柄コードがわからない場合は，日本取引所グループ (https://www.jpx.co.jp/) や各証券会社のサイトなどで検索できます．

取得した株価データは，データフレームという構造体に格納されています．データフレームについては次節で説明します．

ここでは，OHLCV の形式で株価データが取得できていることを確認してください．

❗Note

本書では，短いコードで株価データを取得するために，Stooq の無料サービスを利用しています．しかし，Stooq が公開するデータは，最新かつ正確なものである保証はありません．より正確な株価分析を行いたい場合は，証券会社が提供する株価データを利用するなどしてください．次節の 2.3.7 項で，CSV ファイルから株価データを読み込む処理を説明しています．

2.3 データフレーム

Python でデータ分析を行う際には，データフレームという構造体を利用します．株価分析に入る前に，データ分析を行うための汎用的な準備段階として，データフレームについて説明します．

2.3.1 データフレームとは

データフレームとは，Pandas ライブラリで定義されているデータ分析によく利用される構造体のことです．図 2.8 のように，行と列の 2 次元のテーブルや表に例えられる構造をしています．

列

行

	Item ID	Name	Price	Release
1	001A	商品A	9800	2021/01/05
2	001B	商品B	15000	2021/02/03
3	002Z	商品Z	10000	2021/03/01
4	002S	商品S	2500	2021/04/10
5	0030	商品30	1000	2021/05/30

図 2.8　データフレームの構造

横方向を行，縦方向を列，テーブルのマスに格納された値を要素とよびます．表計算ソフトをイメージするとわかりやすいです．データフレームでは，各行を区別するための列のことを**インデックス**とよびます．また，（インデックス以外の）列を区別する名前のことを**カラム**とよびます．このイメージは図 2.9 のとおりです．

インデックスは 1 つのデータフレームに 1 つだけ設けることができ，ほかの列とは区別して管理されます．カラムは行の名前としてだけでなく，行全体のデータを指して使われる場合もあります．前節で確認した株価データでデータフレームの構造を確認すると，図 2.10 のようになります．

	Item ID	Name	Price	Release	カラム
0	001A	商品A	9800	2021/01/05	
1	001B	商品B	15000	2021/02/03	
2	002Z	商品Z	10000	2021/03/01	
3	002S	商品S	2500	2021/04/10	
4	0030	商品30	1000	2021/05/30	

（インデックス）

図 2.9　インデックス／カラム

図 2.10　株価データにおけるインデックス／カラム

　Google Colaboratory でデータフレームの内容を表示すると，図 2.10 のようにインデックスとカラムは段差がついて表示され，テーブル構造の中でも違う意味をもつことがわかります．カラム同士は段差がないため，同列に扱えるデータです．インデックスは YYYY-MM-DD 形式の日付であり，インデックスの日付 1 つに対する 1 行のデータが，その日付に該当する 1 日の株価データです．pandas-datareader で取得できる株価データは，このようなデータ構造をもっていることを覚えておいてください．

2.3.2 データフレームの構造

　前項でデータフレームの概要まで説明しました．ここでは，pandas_datareader.data で取得できる株価データを使って，データフレームの内部的な構造を確認してみます．

［インデックス］

　データフレームに格納されている行データは，インデックスで区別されます．インデックスは，index プロパティで参照できます（図 2.11）．

[リスト 2.3] データフレームのインデックスの確認 (Ch2.ipynb 抜粋)

```
import pandas_datareader.data as pdr

df = pdr.DataReader("9434.JP", "stooq")
df.index
```

```
DatetimeIndex(['2022-02-10', '2022-02-09', '2022-02-08', '2022-02-07',
               '2022-02-04', '2022-02-03', '2022-02-02', '2022-02-01',
               '2022-01-31', '2022-01-28',
               ...
               '2019-01-08', '2019-01-07', '2019-01-04', '2018-12-28',
               '2018-12-27', '2018-12-26', '2018-12-25', '2018-12-21',
               '2018-12-20', '2018-12-19'],
              dtype='datetime64[ns]', name='Date', length=762, freq=None)
```

インデックスの一覧

図 2.11　インデックスの確認

確認すると，株価データのインデックスは，DatetimeIndex という DateTime 型のインデックスであることがわかります．

前項のサンプルで出力したデータフレームの Date カラムは YYYY-MM-DD の書式の日付で文字列のように表示されていました．確認してみると，日付の実体は DateTime 型です．インデックスが DateTime 型である以上，日付順に並べ替えたり，日付の範囲を指定してデータを参照したりできます．試しにインデックスを昇順にしてデータフレームを確認してみます（図 2.12）．

	Open	High	Low	Close	Volume
Date					
2018-12-19	1222.99	1223.83	1071.68	1071.68	324780602
2018-12-20	988.92	1095.08	983.07	1083.37	127235356
2018-12-21	1069.17	1149.43	1065.84	1100.10	77805144
2018-12-25	1092.57	1103.44	1036.57	1062.49	44159036
2018-12-26	1086.74	1099.26	1076.70	1090.07	14494424
...	...	...	...	...	...
2022-02-04	1446.50	1453.50	1436.00	1441.50	11807700
2022-02-07	1443.00	1446.50	1439.00	1441.00	11911100
2022-02-08	1448.50	1462.00	1441.00	1454.50	17920500
2022-02-09	1456.00	1458.00	1445.50	1451.00	14379300
2022-02-10	1453.50	1455.50	1449.00	1451.50	8612200

762 rows × 5 columns

図 2.12　昇順にしたインデックス

[リスト 2.4] データフレームのインデックスを昇順に変更（Ch2.ipynb 抜粋）

```
import pandas_datareader.data as pdr

df = pdr.DataReader("9434.JP", "stooq").sort_index()
df
```

サンプルを実行すると，インデックスである日付の昇順でデータがソートされることがわかります．インデックス以外にも，カラムの値でデータフレームをソートするメソッドも存在します．インデックスをソートするメソッドを表 2.5 にまとめます．

表 2.5　データフレームをソートするメソッド

メソッド	概要
sort_index([ascending=% 昇順にするか %])	インデックスでソート
sort_values(% カラム名 %[, ascending=% 昇順にするか %])	カラムの値でソート

sort_values メソッドでは，ソートするカラム名を指定します．両メソッドとも昇順にするかを True ／ False で指定します．既定は True です．

上記のメソッドを利用すると，データフレームを作成した後でも必要に応じてソートすることが可能です．

［シリーズ］

カラムで区別されるデータフレームの行は，**シリーズ**というインデックスを伴ったリストです．データフレームのカラムにアクセスするには，「[ ]（角かっこ）」にキーとしてカラム名を指定します．次のように Close カラムを参照して確認すると，図 2.13 のようにインデックスとカラムの値が表示されます．

```
Date
2018-12-19    1040.89
2018-12-20    1052.24
2018-12-21    1068.49
2018-12-25    1031.96
2018-12-26    1058.75
              ...
2022-02-04    1400.08
2022-02-07    1399.59
2022-02-08    1412.71
2022-02-09    1409.31
2022-02-10    1409.79
Name: Close, Length: 762, dtype: float64
```

図 2.13　Close カラムの確認

[リスト 2.5] Close カラムの確認（Ch2.ipynb 抜粋）

```
df["Close"]
```

図 2.13 から，データフレームのインデックスである Date と Close の値が並んで表示されることがわかります．データフレームからカラムを取り出した場合でも，インデックスはデータフレームのものと同じであることを忘れないでください．カラムをデータフレームの外に変数として格納した場合でも，元のデータフレームのインデックスが保持されます．インデックスが同じなので，カラムに処理を行った後に別のカラムとしてデータフレームに戻したり，同じ横軸のグラフに表示することができます．

［データの確認］

データフレームに格納されているデータを確認するためには，サンプルのようにオブジェクト全体を表示するのではなく，データフレームの最初／最後だけを確認すれば十分という場合が多いです．そのような場合には，表 2.6 のメソッドを利用します．

表 2.6　データフレームの最初と最後を表示するメソッド

メソッド	概要
head([%n%])	最初の n 行を表示，既定は 5 行
tail([%n%])	最後の n 行を表示，既定は 5 行

tail メソッドを利用して，株価のデータフレームの最後の 5 行を確認してみます（図 2.14）．

[リスト 2.6] データフレームの最後の行を確認（Ch2.ipynb 抜粋）

```
df.tail()
```

ソートしたデータフレームの最後の 5 行だけを表示しました．株価データが取得でき

Date	Open	High	Low	Close	Volume
2022-02-04	1446.5	1453.5	1436.0	1441.5	11807700
2022-02-07	1443.0	1446.5	1439.0	1441.0	11911100
2022-02-08	1448.5	1462.0	1441.0	1454.5	17920500
2022-02-09	1456.0	1458.0	1445.5	1451.0	14379300
2022-02-10	1453.5	1455.5	1449.0	1451.5	8612200

図 2.14　データフレームの最後の 5 行を確認

ることは前項のサンプルで確認済みなので，ソートした場合は最初か最後の確認で十分
です．

　head／tailメソッドは，データフレームだけでなく，シリーズでも利用できます．また，Google Colaboratoryでは，前のブロックで定義した変数やメソッドを以降のブロックでも使用することができます．上記のサンプルの変数「df」は，前のブロックのものを引き継いでいます．

　pandas_datareader.dataで取得した株価データでは，インデックスである日付が降順で表示されます．取得した株価を時系列のデータとして扱うためには，日付を昇順にしておかなければなりません．先ほど確認したように，インデックスである日付はDateTime型なので，並べ替えが可能です．

2.3.3 本書で分析する株価データの形式

　株価分析に入る前に，株価データを取得して日付を昇順にするメソッドをget_stock_dataの名前で作成しておきます．

[リスト2.7] 株価データを取得するメソッド（Ch2.ipynb抜粋）

```
import pandas_datareader.data as pdr

def get_stock_data(code):
  df = pdr.DataReader("{}.JP".format(code), "stooq").sort_index()
  return df
```

　get_stock_dataメソッドの引数codeは，銘柄コードの数値です．メソッドの中で，「JP」をつけた文字列型に変換します．その後，Stooqから株価データを取得して株価データのデータフレームを返します．

　以降のサンプルでは，ここで作成したメソッドを用いて株価データを取得するものとします．

2.3.4 データをグラフで確認する

　データフレームはplotメソッドを実行すると，インデックスを横軸として，データフレームの内容を折れ線グラフで表示することができます．前項で作成したメソッドを用いて取得したソフトバンクグループ（9984）の株価データを，グラフに表示してみます（図2.15）．

[リスト2.8] 株価データをグラフに表示（Ch2.ipynb抜粋）

```
df = get_stock_data(9984)
df.plot()
```

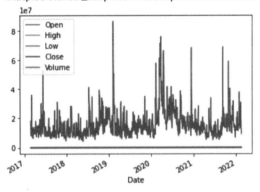

<matplotlib.axes._subplots.AxesSubplot at 0x7fc153989690>

図2.15 株価データをグラフに表示

　実行結果のとおり，データフレームのインデックスを横軸に，各カラムの値を縦軸にして折れ線グラフを描画します．折れ線グラフの色は自動的に割り振られ，グラフの左上／右上に各カラムの線の色が表示されます．

　実行結果の上部にある「matplotlib.axes._subplots.AxesSubplot at XXXX」は，グラフとして描画するオブジェクトの名前です．グラフの表示には影響しないので，気にしないでください．

　前述したとおり重要なのは終値なので，終値が格納されている Close カラムのみをグラフに表示してみます（図2.16）．キーとして指定した Close カラムの終値のみを取得できていることが確認できます．

[リスト 2.9] 終値をグラフに表示（Ch2.ipynb 抜粋）

```
df["Close"].plot()
```

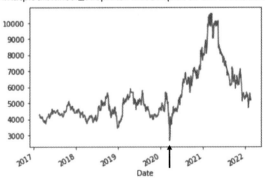

<matplotlib.axes._subplots.AxesSubplot at 0x7fc1533aa350>

図2.16 終値をグラフに表示

終値のデータが，日付のインデックスの範囲でグラフに表示されることが確認できます．矢印の部分は，新型コロナウイルス感染症 (COVID-19) の影響で株価が一斉に下がった時期です．ここから1年以内に株価が3倍以上に上昇したことがわかります．

2.3.5 範囲を指定してデータを抜き出す

株価データの全範囲でなく，範囲を指定して参照したい場合もあります．範囲を指定したい場合には，「[ ]（角かっこ）」の中にインデックスの範囲を指定する式を記述することで，データフレームを指定したインデックスの条件で抜き出すことができます．

[書式 2.10] インデックスの範囲指定

```
%Dataframe オブジェクト %[% インデックスの範囲 %]
```

今年の株価データを抜き出す例は，次のとおりです．

[リスト 2.11] 2022 年の株価データ（Ch2.ipynb 抜粋）

```
import datetime as dt

df[df.index >= dt.datetime(2022,1,1)].head()
```

株価のデータフレームのインデックスは DateTime 型なので，datetime モジュールの datetime メソッドを利用してインデックスの範囲を 2022 年 1 月 1 日以降に限定します．インデックスの範囲を表す式で該当する範囲を指定できます．サンプルを実行すると，2022 年の株価データを抜き出せていることが確認できます（図 2.17）．

Date	Open	High	Low	Close	Volume
2022-01-04	5550.72	5551.72	5398.34	5460.09	14158694
2022-01-05	5418.26	5492.96	5373.44	5398.34	11627978
2022-01-06	5370.45	5393.36	5279.81	5350.53	16180174
2022-01-07	5418.26	5577.62	5396.34	5467.06	20624739
2022-01-11	5403.32	5418.26	5309.69	5338.58	14783290

図 2.17 2022 年の株価データ

指定しているのはインデックスの値ではなく範囲であることに気をつけてください．たとえば，2022 年 1 月 1 日は市場が休みのため，株価データは存在しません．取得できるデータは 2022 年 1 月 4 日以降です．インデックスの範囲の指定なので，データが存在しない日付も含めたまま指定できます．範囲を指定する場合は，土日祝祭日を意識しなくてもかまいません．

2022 年 1 月以降の終値をグラフに表示します（図 2.18）.

[リスト 2.12] 2022 年の終値のグラフ（Ch2.ipynb 抜粋）

```
df[df.index >= dt.datetime(2022,1,1)]["Close"].plot()
```

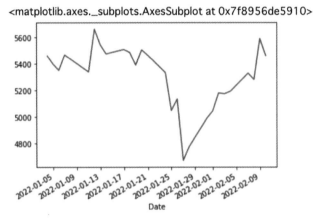

<matplotlib.axes._subplots.AxesSubplot at 0x7f8956de5910>

図 2.18　2022 年の終値のグラフ

　2022 年 1 月以降の終値がグラフ化されていることが確認できます．全範囲のグラフではわかりにくいですが，2022 年だけに限定すると，短い期間での株価の変動が大きいことがわかります．

2.3.6 条件を指定してデータを抜き出す

　データフレームでは，インデックスを指定してデータを抜き出す以外に，列の値を条件としてデータを抜き出すこともできます．列を対象とした条件でデータを抜き出すには，query メソッドを利用します．query メソッドの構文は次のとおりです．

[構文 2.13] query メソッド

```
query(% 条件式 %)
```

　query メソッドで指定する条件式を変えることで，列の値だけでなく，列同士の比較など比較的自由度の高い条件でデータを抜き出すことができます．株価のデータフレームの中で，終値が 7000 円以上のデータを抜き出す例は次のとおりです．

[リスト 2.14] 終値が 7000 円以上の株価データ（Ch2.ipynb 抜粋）

```
df.query("Close >= 7000").tail()
```

　条件式の中では，カラム名の「Close」を使って条件を指定しています．インデックスを使った条件の指定では，データフレームのオブジェクト名「df」も含めた条件式でした．query メソッドを利用する場合は，データフレームの名前は不要で，カラム名のみで条件を指定できます．サンプルを実行すると，図 2.19 のように，指定した終値が7000 円以上の株価データが確認できます．

Date	Open	High	Low	Close	Volume
2021-09-09	6928.55	7156.89	6907.71	7073.50	26391156
2021-09-10	7101.30	7290.92	7030.81	7127.11	27983867
2021-09-13	7115.20	7164.84	6947.42	7024.86	17102114
2021-11-16	6932.18	7119.43	6885.37	7084.57	19016210
2021-11-17	7141.34	7188.15	7084.57	7103.49	15881881

終値が 7000 円以上

図 2.19　終値が 7000 円以上の株価データ

　カラム名同士で演算子を使って条件を指定することもできます．高値と安値で 300円以上の差があるデータを抜き出す例は，次のとおりです（図 2.20）．

[リスト 2.15] 高値と安値の差が 300 円以上の株価データ（Ch2.ipynb 抜粋）

```
df.query("High - Low >= 300").tail()
```

	Open	High	Low	Close	Volume
Date					
2022-01-26	4949.14	5237.98	4924.24	5135.39	21684876
2022-01-27	5100.53	5149.34	4633.41	4673.25	38173383
2022-01-31	4691.17	5098.54	4674.24	4990.97	23447422
2022-02-09	5328.62	5605.50	5288.78	5589.57	30944588
2022-02-10	5689.17	5716.06	5384.39	5461.08	28275921

差が 300 円以上

図 2.20　高値と安値の差が 300 円以上の株価データ

　高値と安値で差が大きいデータが多いほど，短期間での売買で利益を出しやすい銘柄であると判断できます．このような判断も，データフレームを利用することで比較的容易に行うことができます．

2.3.7 CSV ファイルから株価データを読み込む

　CSV からデータを読み込んでデータフレームを生成することもでき，証券会社のサイトなどで配布されている CSV データを利用する場合などに便利です．以下では，米国 Yahoo Finance で配布されている株価の CSV ファイルを利用する例をあげます．

[1] 株価データの CSV ファイルを用意する

　米国 Yahoo Finance のソフトバンクの株価の Historical Data のページ（https://finance.yahoo.com/quote/9434.T/history?p=9434.T）の［Download］リンクをクリックすると，「9434.T.csv」の名前で株価データが CSV ファイルとしてダウンロードされます（図 2.21）．

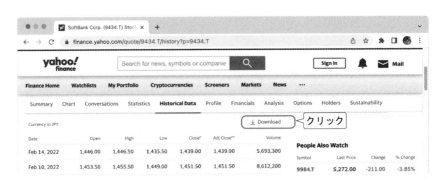

図 2.21　CSV ファイルのダウンロード

	A	B	C	D	E	F	G
1	Date	Open	High	Low	Close	Adj Close	Volume
2	2021/2/15	1437	1437.5	1429	1435	1355.79688	7055600
3	2021/2/16	1440	1456.5	1440	1455	1374.69287	13477300
4	2021/2/17	1456	1471	1446	1463	1382.25134	11835500
5	2021/2/18	1463	1464.5	1442	1442.5	1362.88281	10200800
6	2021/2/19	1440	1442	1431	1436	1356.7417	7856800
7	2021/2/22	1445	1453	1443.5	1448	1368.07922	6987100
8	2021/2/24	1449	1454	1435.5	1435.5	1356.26929	9076100
9	2021/2/25	1437.5	1443.5	1432	1439.5	1360.04846	7928400
10	2021/2/26	1434.5	1449.5	1432	1441	1361.4657	15662500

図 2.22　ダウンロードした CSV ファイルの内容

ダウンロードした CSV ファイルの内容は，図 2.22 のとおりです．

[2] 左側のフォルダマークをクリックする

Google Colaboratory の左側にあるフォルダマークをクリックすると，ファイルをアップロードできるエリアが開きます（図 2.23）．

図 2.23　ファイルをアップロードするエリア

[3] CSV ファイルをアップロードする

ファイルをアップロードするエリアに CSV ファイルをドラッグ＆ドロップします．図 2.24 のような，アップロードしたファイルは永続性がないという警告がでますが，ウィンドウ内の［OK］ボタンを押してアップロードを続けます．アップロードが終わると，図 2.25 のように，ファイルをアップロードするエリアにファイルの名前が表示されます．

図 2.24　ファイルのアップロード時の警告

図 2.25 アップロードしたファイルの確認

　手順[3]でアップロードした CSV ファイルは，Python のプログラムコードから読み込むことができます．CSV ファイルからデータフレームを生成するには，Pandas の **read_csv** メソッドを利用します．read_csv メソッドの構文は次のとおりです．

[構文 2.16] read_csv メソッド

```
read_csv(%CSV ファイル名% , index_col=% 行番号 %)
```

　index_col には CSV ファイル内のインデックスにしたい行の番号を指定します．index_col を指定しない場合は，自動的に 0 からの番号が振られます．アップロードした CSV ファイルからデータフレームを生成するコードは次のようになります．

[リスト 2.17] CSV ファイルから株価のデータフレームを生成（Ch2.ipynb 抜粋）

```
import pandas as pd

df = pd.read_csv('9434.T.csv', index_col=0)
df.head()
```

　アップロードした CSV の一番上の行が「Date」なので，index_col には「0」を指定しています．サンプルを実行すると，図 2.26 のように生成したデータフレームの最初の 5 行が確認できます．

　CSV ファイル内の「Date」の行がインデックスとなり，各行は最初の項目名がカラム名になっていることが確認できます．データフレーム内の「Adj Close」は調整後終値のことです．調整後終値とは，株式の分割が行われた場合に分割実施前の終値を分割後の値に調整したり，配当調整を行った値です．調整後終値は，株式相場の需要と供給

Date	Open	High	Low	Close	Adj Close	Volume
2021-02-15	1437.0	1437.5	1429.0	1435.0	1355.796875	7055600
2021-02-16	1440.0	1456.5	1440.0	1455.0	1374.692871	13477300
2021-02-17	1456.0	1471.0	1446.0	1463.0	1382.251343	11835500
2021-02-18	1463.0	1464.5	1442.0	1442.5	1362.882813	10200800
2021-02-19	1440.0	1442.0	1431.0	1436.0	1356.741699	7856800

図 2.26　CSV ファイルから株価のデータフレームを生成

の関係で理論上の分割どおりにいかなかったり，過去に遡って配当率をかけたりするので，終値とは異なる値をとることもあります．また，株価データの提供元によっては，配当調整を行わずに算出している場合もあります．初心者のうちは終値を利用することをお勧めします．

まとめ

　本章では，pandas_datareader を利用した株価データの取得とデータ分析に必要となるデータフレームについて確認しました．データフレームの構造は，表計算ソフトと非常に似ており，扱い方やデータの抜き出しについてもイメージはしやすいものです．データ分析の基本的な手法は，対象となるデータをデータフレームで管理し，そこで処理を行って可視化するものです．ここでは株価データという入手が容易なデータ使って，株価データをデータフレームで管理する基本的な方法と，基本的なグラフ化の方法を確認しました．サンプルであげた銘柄以外の株価データでも同様の手法を確認し，データの扱いに慣れてください．

株価データの可視化

3.1　株価データを可視化するライブラリ

　Python では，データを手軽に扱えるとともに，可視化も比較的容易に行うことができます.

　この節では，可視化の概要と，株価データを可視化するための基本的なことがらを学びましょう.

3.1.1 Python でグラフを描画する

　Python では，処理したデータを可視化して利用する場面が非常に多いです. データを可視化する場合には，グラフを描画するための Matplotlib というライブラリを利用します. Matplotlib は非常に機能が豊富で，折れ線グラフ，棒グラフ，円グラフ，ヒストグラム，散布図などの基本的なグラフを短いコードで描画することができます（図3.1）.

　折れ線グラフを描画するコードは，次のとおりです.

[リスト 3.1] 折れ線グラフの描画（Ch3_1.ipynb 抜粋）

```
from matplotlib import pyplot
import numpy as np

values = np.array([1, 2, 3, 4, 5])       # 横軸の値
height = np.array([100, 50, 300, 250, 500])      # 縦軸の値
pyplot.plot(values, height)    # 値を指定
pyplot.show()    # グラフを描画
```

　表示する値を定義してメソッドを実行するという，数行のコードでグラフを描画できます. サンプルコード内の plot メソッドが折れ線グラフを表示するメソッドです. グラフを表示するおもなメソッドには，表3.1 のものがあります.

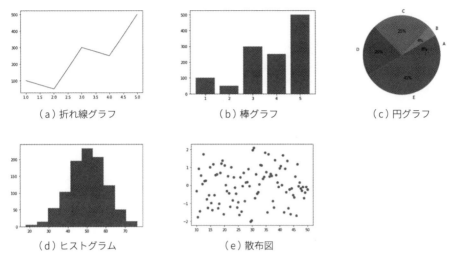

（a）折れ線グラフ　　　　　（b）棒グラフ　　　　　（c）円グラフ

（d）ヒストグラム　　　　　（e）散布図

図 3.1　Matplotlib で描画できるグラフの例

表 3.1　グラフを表示するおもなメソッド

メソッド名	概要
plot	折れ線
bar	棒
pie	円
hist	ヒストグラム
scatter	分散

　サンプルコードと同様のコードで，plot メソッドを上記の別のメソッドに置き換えることで，別のグラフを描画することができます．ほかのグラフを描画するサンプルもサンプルコード（Ch3_1.ipynb）に記載しています．ほかのグラフに関しても数行のコードで描画できることを確認しておいてください．

　Matplotlib は Google Colaboratory に標準で組み込まれているため，インストール作業は不要です．

3.1.2 株価チャートを作成するライブラリ

　Python の標準的な描画ライブラリである Matplotlib の機能を拡張し，株価を含めた財務データを可視化するライブラリに mplfinance があります．mplfinance を利用すると，任意の株価データをローソク足チャートや移動平均線などで表示することができます．いいかえると，開発者自身が最もわかりやすいようにチャートをカスタマイズできます．ニュースサイトや証券会社のサイトで参照できるチャート以上に，開発者自

身が目的に沿った見やすくわかりやすいチャートを作成することができます．mplfinance は pip でインストールできます（図 3.2）．

[リスト 3.2] mplfinance のインストール（Ch3_1.ipynb 抜粋）

```
!pip install mplfinance
```

```
Collecting mplfinance
  Downloading mplfinance-0.12.8b9-py3-none-any.whl (70 kB)
  ████████████████████████████████ 70 kB 6.4 MB/s
Requirement already satisfied: pandas in /usr/local/lib/python3.7/dist-packages (from mplfinance) (1.3.5)
Requirement already satisfied: matplotlib in /usr/local/lib/python3.7/dist-packages (from mplfinance) (3.2.2)
Requirement already satisfied: python-dateutil>=2.1 in /usr/local/lib/python3.7/dist-packages (from matplotlib->mplfinance) (2.8.2)
Requirement already satisfied: kiwisolver>=1.0.1 in /usr/local/lib/python3.7/dist-packages (from matplotlib->mplfinance) (1.3.2)
Requirement already satisfied: numpy>=1.11 in /usr/local/lib/python3.7/dist-packages (from matplotlib->mplfinance) (1.21.5)
Requirement already satisfied: pyparsing!=2.0.4,!=2.1.2,!=2.1.6,>=2.0.1 in /usr/local/lib/python3.7/dist-packages (from matplotlib->mplfinance) (3.0.7)
Requirement already satisfied: cycler>=0.10 in /usr/local/lib/python3.7/dist-packages (from matplotlib->mplfinance) (0.11.0)
Requirement already satisfied: six>=1.5 in /usr/local/lib/python3.7/dist-packages (from python-dateutil>=2.1->matplotlib->mplfinance) (1.15.0)
Requirement already satisfied: pytz>=2017.3 in /usr/local/lib/python3.7/dist-packages (from pandas->mplfinance) (2018.9)
Installing collected packages: mplfinance
Successfully installed mplfinance-0.12.8b9
```

図 3.2　mplfinance のインストール

　次節より，mplfinance を使ったチャートの描画をサンプルを交えて説明します．Python はコードの書きやすさと読みやすさが特徴のプログラム言語ですが，コードのわかりやすさに加えてデータの可視化のしやすさも実感してください．

> **！注意**
>
> mplfinance に似た名前の mpl_finance というライブラリも存在します．しかし，mpl_finance は 2019 年に廃止されたライブラリなので間違えないようにしてください．

③.2　ローソク足チャート

　mplfinance を利用して代表的な株価チャートであるローソク足を描画してみます．ローソク足チャートの描画とともに，mplfinance の基本的な使い方も学びます．

3.2.1　ローソク足チャートを描画する

　mplfinance で扱うデータは，OHLCV（始値／高値／安値／終値／出来高）形式のデータです．OHLCV 形式のデータは，pandas_datareader.data ライブラリから取得できるので，まずは 2.3.3 項で作成した get_stock_data メソッドを用いてコロワイド（7616）の株価データを用意します（図 3.3）．

[リスト 3.3] 株価データの取得と確認（Ch3_2.ipynb 抜粋）

```
# コロワイドの株価データを取得
df = get_stock_data(7616)
df.tail()
```

Date	Open	High	Low	Close	Volume
2022-02-17	1743.0	1766.0	1734.0	1750.0	310500
2022-02-18	1734.0	1753.0	1722.0	1749.0	285000
2022-02-21	1734.0	1744.0	1719.0	1733.0	250200
2022-02-22	1721.0	1724.0	1703.0	1715.0	326700
2022-02-24	1700.0	1704.0	1657.0	1676.0	462300

図 3.3　株価データの取得と確認

　取得した株価データは，表示する前に tail メソッドで取得できていることを必ず確認してください．

　株価データを取得できたことを確認した後に，直近の 100 日分の株価データのローソク足チャートを描画してみます．直近 100 日分のデータは，データフレームの tail メソッドの引数を 100 にすることで得られます（図 3.4）．

[リスト 3.4] ローソク足チャートの描画（Ch3_2.ipynb 抜粋）

```
import mplfinance as mpf

# ローソク足チャートに表示する直近 100 日分のデータ
cdf = df.tail(100)
mpf.plot(cdf, type="candle")
```

　この節のサンプルは，データフレームに慣れるという意味で，直近 100 日分の株価データを利用しています．サンプルを実行したときには，本書の実行結果と異なるチャートが表示されるでしょう．この点に気をつけて読み進めてください．なお，3.2.4 項以降のサンプルは，日時を指定してチャートを表示するので，この点に注意する必要はありません．

　mplfinance を利用すると，plot メソッドを実行するだけでローソク足チャートを描画できます．plot メソッドは，mplfinance でグラフを描画する汎用的なメソッドで，その構文は次のとおりです．

[構文 3.5] plot メソッドの構文

```
%mplfinance オブジェクト %.plot(% データフレーム %, % オプション %)
```

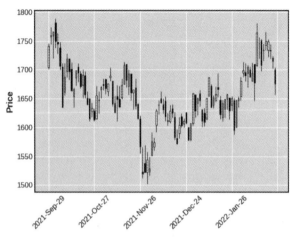

図3.4　ローソク足チャートの描画

引数のデータフレームは，OHLCV のデータです．オプションについては，プロパティ
と値の形式で指定します．type プロパティは，グラフの種類を指定するプロパティです．
ローソク足チャートを描画する場合は，type プロパティに candle（ローソク）のオプ
ションを指定します．plot メソッドを実行すると，OHLCV のデータの始値／高値／
安値／終値の値に基づいてローソク足が描画されます．陽線は白，陰線は黒でローソク
足が描画されます．

type プロパティに指定できる値には，表 3.2 のものがあります．

表 3.2　type プロパティの値

値	チャートの種類
candle	ローソク足チャート
line	終値の折れ線グラフ
renko	一定の値幅の動きを足型で記録する練行足チャート
pnf	上昇を「X」，下落を「○」で表すポイント＆フィギュア

サンプルでは，type プロパティの値にローソク足チャートを表示する candle を利用
してチャートを表示しています．

練行足チャートとポイント＆フィギュアのグラフの表示の例は，次のとおりです（図
3.5，3.6）．

[リスト 3.6] 練行足チャート（Ch3_2.ipynb 抜粋）

```
# 練行足チャート
mpf.plot(cdf, type="renko")
```

[リスト 3.7] ポイント＆フィギュア（Ch3_2.ipynb 抜粋）

```
# ポイント＆フィギュア
mpf.plot(cdf, type="pnf")
```

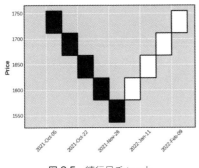

図 3.5　練行足チャート

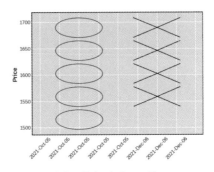

図 3.6　ポイント＆フィギュア

オプションに関しては次項以降でサンプルを交えて説明します．

3.2.2 チャートのアスペクト比を指定する

mplfinance で描画されるチャートは，既定ではデータの値に応じて自動的に小さい
サイズで描画されます．既定のサイズではチャートがわかりにくい場合には，plot メ
ソッドのオプションとして figratio プロパティで**アスペクト比**を指定することで，
チャートの見え方を変えることができます．アスペクト比とは，画面や画像の縦と横の
長さの比のことで，「横：縦」の比率で指定します（図 3.7）．

[リスト 3.8] アスペクト比を指定したチャートの描画（Ch3_2.ipynb 抜粋）

```
mpf.plot(cdf, type="candle", figratio=(2,1))
```

サンプルでは，「figratio=(2,1)」とすることで，アスペクト比を 2：1 としてい
ます．アスペクト比は，読者の皆さんのディスプレイやブラウザのウィンドウのサイズ
によって，見やすい比率に変えたほうがよいでしょう．

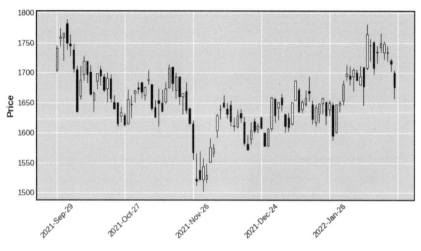

図 3.7　アスペクト比を指定したチャートの描画

3.2.3 出来高を表示する

　出来高とは，売買が成立した株数のことです．出来高が大きい株ほど，その株の人気が高く，出来高が増えるほど株価も上下しやすい傾向にあります．plot メソッドのオプションとして volume プロパティに「True」を指定することで，チャートに出来高を表示できます．

　今回のサンプルでは，新日本科学 (2395) の株価データを表示します（図 3.8）．

[リスト 3.9] 出来高の表示（Ch3_2.ipynb 抜粋）

```
df = get_stock_data(2395)   # 新日本科学
cdf = df.tail(100)
mpf.plot(cdf, type="candle", figratio=(2,1), volume=True)
```

　出来高の表示は，ローソク足とは領域を分けて表示されます．チャートの矢印部分で出来高が急に増えた後に，株価の上昇が続いていることがわかります．出来高が急に増えたときは，株式を売る側にも買う側にも多数の希望者があったという背景があります．つまり，企業に対してよいニュースが報じられたなどの理由で，市場での注目度が上がったということです．一般的に「出来高は株価に先行する」といわれ，出来高が急に増えたときは株価も上下すると判断されます．

　ローソク足チャートに出来高を表示することには，このような意味があるということを覚えておいてください．

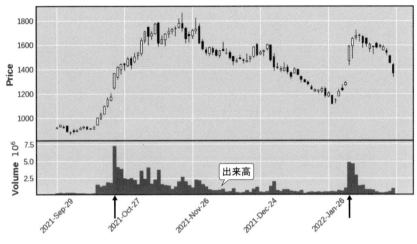

図 3.8　出来高の表示

3.2.4 指定した期間でチャートを表示する

　2.3.2 項の表 2.6 で見た head／tail メソッド以外にも，データフレームのインデックスを利用して，特定の期間でのチャートを描画することも可能です．前項までのサンプルでは，チャートの表示がどのようなものかを実感できるように直近 100 日分の株価データを利用していました．ですが，株価分析を行う場合は，どの期間での分析なのかを明確にするために，期間を指定してチャートを描画するほうが一般的です．

　2.3.5 項「範囲を指定してデータを抜き出す」の例にあげたように，インデックスの範囲を指定してデータフレームの値を抽出するには，次のようにデータフレームの後ろに「[ ]（角かっこ）」をつけてインデックスの開始と終了を指定します．インデックスの範囲を指定する例をまとめると，表 3.3 のようになります．開始インデックス／終了インデックスを指定しない場合は，データフレームの最初から最後までを参照します．

表 3.3　インデックスの範囲を指定する例

構文	意味
％データフレーム％［開始インデックスの値： 終了インデックスの値]	開始インデックス〜終了インデックスの範囲
％データフレーム％［開始インデックスの値：]	開始インデックス〜データフレームの最後まで
％データフレーム％［：終了インデックスの値]	データフレームの最初から終了インデックスまで

2021年8月〜2021年12月までの株価データを抽出してローソク足チャートを描画する例は，次のとおりです（図3.9）．

[リスト3.10] 2021年8月〜2021年12月のチャート（Ch3_2.ipynb抜粋）

```
import datetime as dt

rdf = df[dt.datetime(2021,8,1):dt.datetime(2021,12,31)]
mpf.plot(rdf, type="candle", figratio=(2,1), volume=True)
```

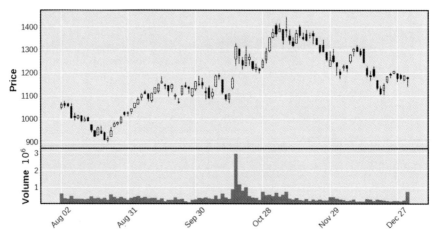

図3.9　2021年8月〜2021年12月のチャート

2021年8月1日から本日までのチャートを描画する場合は，次のように終了インデックスを指定せずにデータフレームの範囲を指定します（図3.10）．

[リスト3.11] 2021年8月1日〜本日までのチャート（Ch3_2.ipynb抜粋）

```
rdf = df[dt.datetime(2021,8,1):]
mpf.plot(rdf, type="candle", figratio=(2,1), volume=True)
```

このように，終了インデックスを指定しないことで，最新のデータまでのチャートを描画することができます．

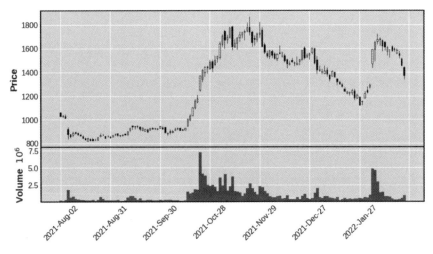

図3.10　2021年8月1日から本日までのチャート

3.2.5 表示スタイルを変更する

　mplfinance では，style プロパティでスタイルを指定することでグラフの外観を変更することができます．style プロパティに指定できる値は，available_styles メソッドで確認できます（図 3.11）．

[リスト 3.12] 表示スタイルの確認（Ch3_2.ipynb 抜粋）

```
mpf.available_styles()
```

```
['binance',
 'blueskies',
 'brasil',
 'charles',
 'checkers',
 'classic',
 'default',
 'ibd',
 'kenan',
 'mike',
 'nightclouds',
 'sas',
 'starsandstripes',
 'yahoo']
```

図 3.11　表示スタイルの確認

available_styles メソッドの実行結果で得られるリスト内の文字列が，style プロパティに指定できる値です．たとえば，style プロパティの値に「nightclouds」を指定した場合は，グラフはナイトモードのように表示されます（図 3.12）．

[リスト 3.13] nightclouds スタイルのチャート（Ch3_2.ipynb 抜粋）

```
df = get_stock_data(2395)   # 新日本科学
cdf = df.tail(100)
mpf.plot(cdf, type="candle", figratio=(2,1), volume=True,
    style="nightclouds")
```

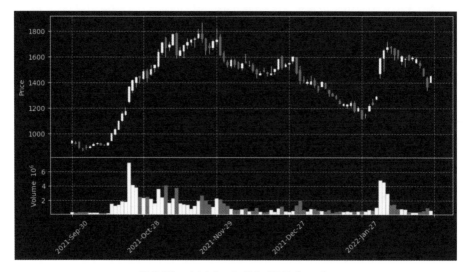

図 3.12　nightclouds スタイルのチャート

style プロパティの値に「yahoo」を指定した場合は，グラフは米国 Yahoo! Finance 風に表示されます（図 3.13）．

[リスト 3.14] yahoo スタイルのチャート（Ch3_2.ipynb 抜粋）

```
df = get_stock_data(2395)   # 新日本科学
cdf = df.tail(100)
mpf.plot(cdf, type="candle", figratio=(2,1), volume=True, style="'yahoo")
```

style プロパティで表示スタイルを変更することで，好きな外観でグラフを表示することができます．

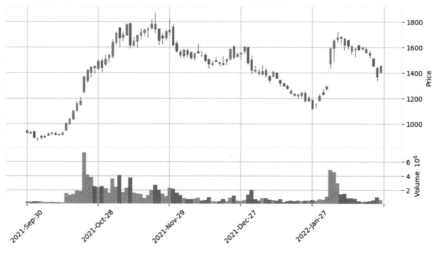

図 3.13 yahoo スタイルのチャート

3.2.6 ローソク足から株価の動きを考察する

　ローソク足チャートをいくつか表示したところで，ローソク足チャートから株価の動きを考察してみます．

　ロコンド (3558) の 2021 年 11 月 〜 2022 年 2 月のローソク足チャートを表示します（図 3.14）．

[リスト 3.15] ロコンド (3558) のチャート（Ch3_2.ipynb 抜粋）

```
df = get_stock_data(3558)  # ロコンド
mpf.plot(df[dt.datetime(2021,11,1):dt.datetime(2022,2,28)],
    type='candle', figratio=(2,1), volume=True)
```

　このチャートでは，長い陽線の後に株価の上昇傾向，長い陰線の後に株価の下落傾向があります．このときのローソク足の動きをまとめると，以下のように考えられます．なお，ヒゲがあるほうがわかりやすいので，ヒゲがある例で考えます．

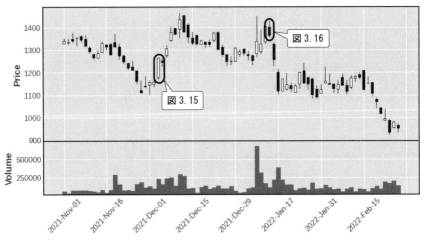

図 3.14　ロコンドの 2021 年 11 月以降のチャート

[陽線の場合]

　下ヒゲのある陽線は，図 3.15 のように株価が動いたと考えられます．

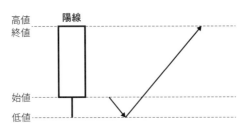

図 3.15　下ヒゲのある陽線の株価の動き

　株価は始値より下がったものの，その後に始値を上回る上昇があり，最終的に株価は上昇して終わったと考えられます．上ヒゲが出ておらず，終値と高値が同じなので，相場の終了までずっと強い上昇があったと判断できます．チャートを確認すると，この日以降も上昇傾向が続いています．

[陰線の場合]

　上ヒゲのある陰線は，図 3.16 のように株価が動いたと考えられます．

　陰線の場合は，陽線とは逆に株価は始値より上がったものの，始値を下回るほどの下落があったと考えられます．下ヒゲが出ておらず，終値と安値が同じなので，相場の終了までずっと下落があったと判断できます．チャートを確認すると，この日以降も下落傾向が続きます．

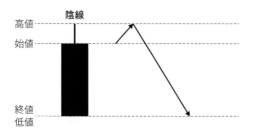

図 3.16　上ヒゲのある陰線の株価の動き

　上記のように，実体の長い陽線／陰線がチャートに出現すると，その後の株価の推移を予想しやすいです．

　このことを意識して，新日本科学 (2395) の 2021 年 10 月 〜 2022 年 2 月のチャートをあらためて見てみます（図 3.17）．

[リスト 3.16] 新日本科学 (2395) のチャート（Ch3_2.ipynb 抜粋）

```
df = get_stock_data(2395)   # 新日本科学
rdf = df[dt.datetime(2021,10,1):dt.datetime(2022,2,28)]
mpf.plot(rdf, type="candle", figratio=(2,1), volume=True)
```

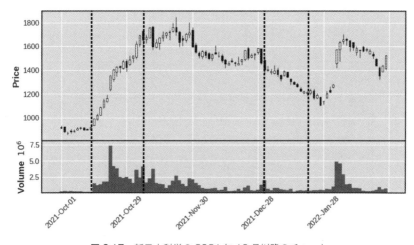

図 3.17　新日本科学の 2021 年 10 月以降のチャート

　破線の範囲内のように，陽線が続くと株価は上昇傾向，陰線が続くと株価は下降傾向にあると判断できます．一般には，3 日連続で陽線／陰線が続く場合に，株価の上昇／下降がしばらく続くと判断されます．

　このことは，図 3.18 のように，連続した陽線または陰線を数日分でまとめて見ると，

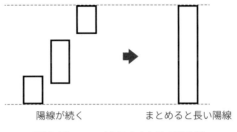

図 3.18　ローソク足をまとめて見る例

（図中）
陽線が続く　　まとめると長い陽線

長い陽線／陰線が出ているのと同じだと考えることもできます.

　このように，ローソク足の数日分をまとめて株価の方向性を判断する手法もあることも覚えておいてください.

［窓］

　ローソク足と次のローソク足の間のことを**窓**といいます．この窓が，急に大きく開くことがあります．例を見てみましょう（図3.19）.

[リスト3.17] 窓が開いたチャート（Ch3_2.ipynb 抜粋）

```
df = get_stock_data(3558)  # ロコンド
rdf = df[dt.datetime(2020,5,1):dt.datetime(2020,9,30)]
mpf.plot(rdf, type='candle', figratio=(2,1), volume=True)
```

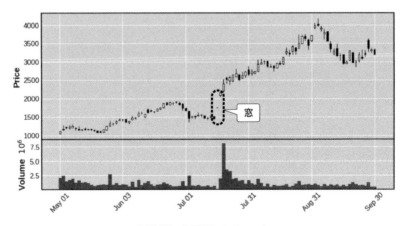

図3.19　窓が開いたチャート

　上記の例では，2日連続で大きく窓が開いています．窓が出現したときに出来高も大きく増えていることにも注目してください．この時期に株式市場で銘柄が注目され，売買が非常に活発になり株価も上昇したと判断できます．実際に，窓の開く前日の2020

年7月14日にロコンドの決算の発表が行われ，過去最高益を更新する見込みであることが報じられています．窓が開いた後にも株価の上昇傾向が続いています．

　窓が開いた後，しばらくすると株価の上昇は止まり，動きは落ち着きます．リスト3.16で表示されるチャートを改めて見てみます（図3.20）．

[リスト3.18] 窓が閉まるチャート（Ch3_2.ipynb 抜粋）

```
df = get_stock_data(2395)   # 新日本科学
rdf = df[dt.datetime(2021,10,1):dt.datetime(2022,2,28)]
mpf.plot(rdf, type="candle", figratio=(2,1), volume=True)
```

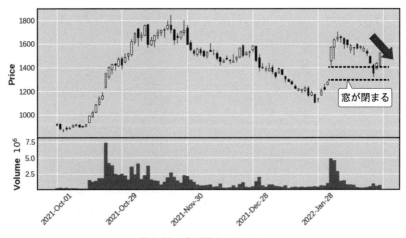

図3.20　窓が閉まるチャート

　上昇した株価が徐々に下がり，窓の出現で上昇した株価を下回る動きをすることもあります．このようなローソク足の動きを「窓が閉まる」といいます．

3.2.7 週足チャートの表示

前項で「ローソク足をいくつかまとめて考える」例をあげました．この節の最後に補足として，ローソク足を1週間分まとめて週足のチャートとして表示するサンプルを作成してみます．

時系列のデータフレームの時間の間隔を変更することを**リサンプリング**といいます．リサンプリングは Pandas の **resample** メソッドで行います．

[構文 3.19] resample メソッド

```
%データフレーム%.resample(%期間%)
```

期間に関しては，表3.4の値で指定できます．

表3.4　リサンプリングの期間

値	概要	区切り
M	月	月末
W	週	日曜
D	日	0時
H	時	0分
T	分	0秒

resample メソッドで集計した結果は，表3.5のメソッドで取得できます．集計した結果は1つのデータフレームではなく，別々のデータフレームに分類されることに気をつけてください．

表3.5　リサンプリングの結果

メソッド	概要	集計後に取得するカラム
first()	最初	Open
max()	最大	High
min()	最小	Low
last()	最後	Close
sum()	合計	Volume

結果は OHLCV 形式のデータフレームで返ります．たとえば，first メソッドで得られる結果は，期間で集計した OHLCV の最初の値が OHLCV 形式のデータフレームで返されます．それぞれのメソッドの実行結果から，集計後に必要なカラムの値を取り出して，新しくチャートに表示する OHLCV 形式のデータフレームを作成します．この処理のイメージは図3.21のとおりです．

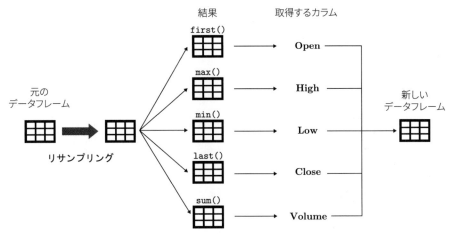

図 3.21　リサンプリングから再集計のイメージ

　この図の処理は，**aggregate** メソッドで行うことができます．aggregate メソッドの構文は次のとおりです．

[構文 3.20] resample メソッド

```
% リサンプリングしたデータフレーム %.aggregate({ % カラム名 % : %メソッド名 %, ... })
```

　メソッドの引数に必要なカラムと集計結果を取得するメソッド名をペアで指定することで，期間別に集計した結果を OHLCV 形式のデータフレームとして得ることができます．

　ベクトル (6058) の 2021 年 8 月から 2022 年 2 月までの週足のローソク足チャートは次のようにして描画できます（図 3.22）.

[リスト 3.21] 週足ローソク足チャートの表示（Ch3_2.ipynb 抜粋）

```
df = get_stock_data(6058)   # ベクトル
resampled=df.resample('W')  # 週で集計
wdf = resampled.aggregate({'Open': 'first', 'High': 'max', 'Low': 'min',
        'Close': 'last','Volume':'sum'})   # 集計結果
mpf.plot(wdf[dt.datetime(2021,8,1):dt.datetime(2022,2,28)],
    type='candle', figratio=(2,1), volume=True)
```

　日足のデータから週足のチャートを表示するときも，短いコードで処理を行うことができます．週足チャートを見ても長い陽線や陰線が確認できます．

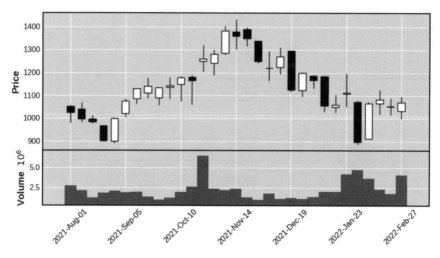

図 3.22　週足ローソク足チャートの表示

③.3　移動平均線

　ローソク足とともに，株価分析でよく利用される移動平均線をチャートに描画してみます．移動平均線の表示とともに，移動平均線からわかることなどを学びましょう．

3.3.1　移動平均線を表示する

　第 2 章で説明したとおり，移動平均線とは一定の期間での終値の平均値を折れ線グラフで表したものです．グラフに表示する値を終値だけにしているため，株価の推移をわかりやすく可視化することができます．移動平均線は，plot メソッドのオプションである mav プロパティで表示できます．

　コロワイド (7616) の株価データで 5 日移動平均線を表示する例は，次のとおりです（図 3.23）．

[リスト 3.22] 5 日移動平均線の表示（Ch3_3.ipynb 抜粋）

```
import mplfinance as mpf

df = get_stock_data(7616)  # コロワイド
cdf = df[dt.datetime(2021,10,1):dt.datetime(2022,2,28)]
mpf.plot(cdf, type="candle", mav=(5), figratio=(2,1))
```

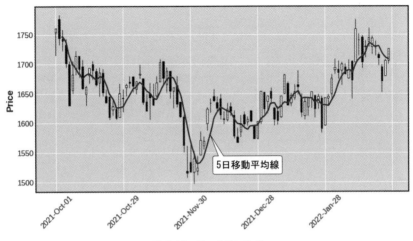

図 3.23　5 日移動平均線

　mav は「moving average（移動平均）」の略です．表示する移動平均の日数を「( )（小かっこ）」で指定することで，移動平均線を表示することができます．

3.3.2　複数の移動平均線を表示する

　移動平均線は，平均の間隔によって線の動きが異なります．間隔が短いほど線の上下が多く，間隔が長いほど線はなだらかです．したがって，1 つの期間での移動平均線だけを見るより，短期と長期，短期と中期と長期，という具合に複数の移動平均線を見て株価の値動きを判断するほうが確実です．よく利用される移動平均線には，表 3.6 のものがあります．

表 3.6　よく利用される移動平均線

線	意味
5 日線	1 週間の終値の平均
25 日線	1 ヶ月の終値の平均
75 日線	3 ヶ月の終値の平均

　各移動平均線の日数は，営業日で数えます．複数の移動平均線を表示する例は，次のとおりです（図 3.24）．

[リスト 3.23]　5 日／25 日／75 日移動平均線の表示（Ch3_3.ipynb 抜粋）

```
mpf.plot(cdf, type="candle", mav=(5, 25, 75), figratio=(2,1))
```

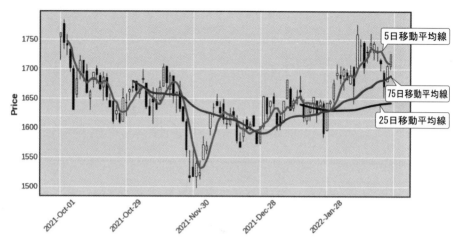

図 3.24　5 日／25 日／75 日移動平均線の表示

　mav プロパティに指定する移動平均の日数を「，（カンマ）」で区切って指定することで，複数の移動平均線を表示できます．線の色は，重複しないように自動的に割り振られます．

　複数の移動平均の表示も mav プロパティで手軽に行えますが，mplfinance は，指定したデータフレーム内での移動平均を計算する仕様になっていることに注意が必要です．このため，各線の日数に満たない範囲では，移動平均を計算できずに線の描画ができません．

　上記のサンプルでも，25 日線，75 日線の表示が途中で切れてしまっています．この点に関しては，次項で対応します．

3.3.3 移動平均を算出する

　前項で述べたように，移動平均の期間に満たない範囲では移動平均を算出できず，グラフを描画することができません（図 3.25）．

　このことを防ぐために，データフレームの全期間で各移動平均をあらかじめ計算し，チャートに表示する範囲すべてで各移動平均線を表示できるようにします（図 3.26）．

　Pandas ライブラリには，隣り合う要素をまとめる処理を行う rolling メソッドが存在します．rolling メソッドの構文は次のとおりです．

[構文 3.24] rolling メソッド

```
rolling(window=%n%)
```

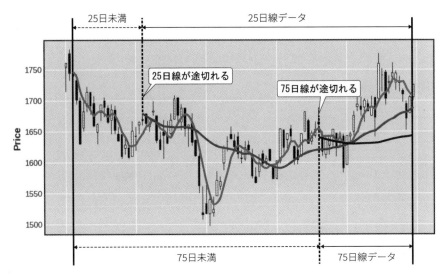

図 3.25　mav プロパティで表示できる移動平均線の範囲

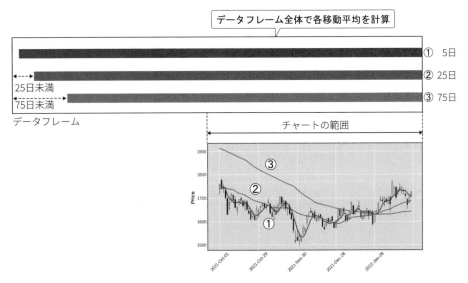

図 3.26　各移動平均線を計算して表示するイメージ

　引数の window で指定した n 個の要素をまとめます．つまり，n 日移動平均の平均値
を算出する前の n 日分の要素をまとめる処理を行います．

　また，Pandas ライブラリには平均値を算出する mean メソッドが存在します．
rolling メソッドと mean メソッドは Pandas ライブラリのメソッドなので，データフ

レームやシリーズに対して利用することができます．rolling メソッドで n 日分まとめた終値に対して mean メソッドを実行すると，n 日の移動平均を計算できます．

以上のことをまとめると，n 日の移動平均は次の構文で計算できます（図 3.27）．

[構文 3.25] 移動平均を求める構文

```
% 終値のシリーズ %.rolling(window=%n%).mean()
```

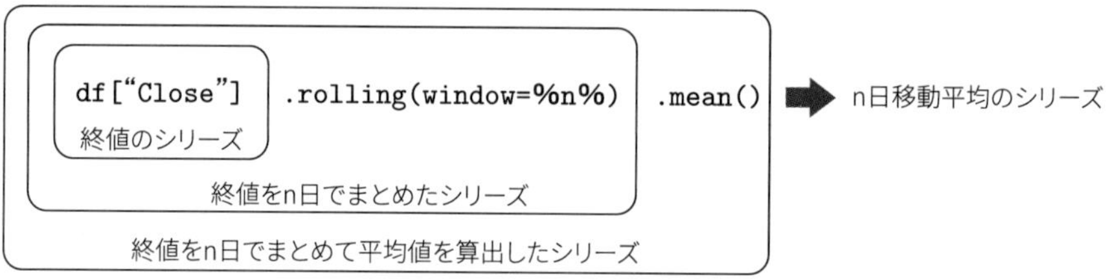

図 3.27　移動平均を計算するイメージ

知っておきたい！Python 文法

　上記の構文のように，メソッドを「．（ピリオド）」で繋げてメソッドの戻り値に対して次のメソッドを順番に実行することを，**メソッドチェーン**とよびます．

　メソッドチェーンを利用すると，上記のような要素をまとめて平均値を算出する，という複数のメソッドにまたがる処理を 1 行で簡潔に記述することができます．

5 日／25 日／75 日の各移動平均を算出する処理は，次のように書くことができます．

[リスト 3.26] 移動平均の算出（Ch3_3.ipynb 抜粋）

```
df["ma5"]   = df["Close"].rolling(window=5).mean()
df["ma25"]  = df["Close"].rolling(window=25).mean()
df["ma75"]  = df["Close"].rolling(window=75).mean()
```

算出した移動平均は，扱いやすいようにデータフレームのカラムとして保持します．カラムの名前は移動平均を意味する「ma（moving avarage）＋日数」としています．

3.3.4　算出した移動平均線を表示する

前項で算出した移動平均を，移動平均線としてチャートに表示します．mplfinance で扱うデータは，OHLCV 形式のデータです．移動平均など OHLCV 以外のデータを表示する場合は，make_addplot メソッドで，mplfinance がデータフレームのカラムを解釈できるようにします．

make_addplot メソッドの構文は次のとおりです．

```
% 追加で表示するデータ % = %mplfinance オブジェクト %.make_addplot(% シリーズ %,
                color=% 色 %, panel=% パネルの順番 %)
```

線として表示するときの色も make_addplot メソッドで指定することに気をつけてください．チャートを複数のパネルに分割して表示する場合は，panel プロパティで順番を指定します．パネルについては 4.4.3 項以降のサンプルで説明します．make_addplot で生成したデータは，addplot プロパティで plot メソッドのオプションとして指定します．

移動平均の算出からチャートの表示までのコードをまとめると，次のようになります（図 3.28）．

[リスト 3.28] 移動平均線の計算と表示（Ch3_3.ipynb 抜粋）

```python
df["ma5"]   = df["Close"].rolling(window=5).mean()
df["ma25"]  = df["Close"].rolling(window=25).mean()
df["ma75"]  = df["Close"].rolling(window=75).mean()

cdf = df[dt.datetime(2021,10,1):dt.datetime(2022,2,28)]
apd = [ mpf.make_addplot(cdf["ma5"], color="blue"),
        mpf.make_addplot(cdf["ma25"], color="green"),
        mpf.make_addplot(cdf["ma75"], color="red")]

mpf.plot(cdf, type="candle", figratio=(2,1), addplot=apd)
```

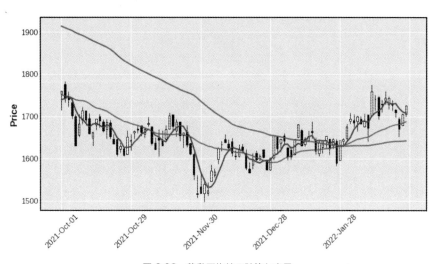

図 3.28　移動平均線の計算と表示

addplot プロパティで指定するデータは，リストの形式で複数まとめて指定することができます．3.3.2 項で見た，mav プロパティで移動平均線を表示するサンプルと違って，25 日線と 75 日線がチャートの開始日付から表示されています．

75 日線の値が大きいため，ローソク足チャートが図 3.25 などよりも下寄りに表示されています．

3.3.5 移動平均線のラベルを表示する

移動平均線を複数表示した場合，どの線がどんな意味をもつのか一見しただけではわかりにくいこともあります．そこで，各移動平均線のラベルを表示することにします．

mplfinance の plot メソッドは，そのまま実行するとチャートを表示します．しかし，returnfig プロパティを True にしてオプションを指定すると，グラフを描画する領域全体を管理する **Figure** オブジェクトとグラフの軸情報を管理する **Axes** オブジェクトのリストをタプルで返します．

この場合の plot メソッドの構文は次のとおりです．

[構文 3.29] plot メソッド

```
%Figure オブジェクト%, %Axes オブジェクトのリスト% =
    %mplfinance オブジェクト%.plot(% データフレーム%, % オプション%,
    returnfig=True)
```

Figure オブジェクトと Axes オブジェクトの関係は図 3.29 のとおりです．

グラフで描画する領域を管理する Figure オブジェクトに対して，軸情報を管理する Axes オブジェクトはグラフ 1 つに対して 2 つ存在します．ローソク足チャートに対して 2 つ，出来高の棒グラフに対して 2 つの Axes オブジェクトが存在すると考えてくだ

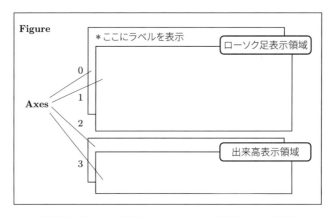

図 3.29 Figure オブジェクトと Axes オブジェクトの関係

さい. plot メソッドを実行して得られる Axes オブジェクトのリストの 0 番地のものは, ローソク足チャートに存在する Axes オブジェクトです. この 0 番地の Axes オブジェクトで, ラベルを表示する legend メソッドを実行することで移動平均線に対するラベルを表示することができます. 急にオブジェクトが複数出てきて処理の見通しが悪くなりがちですが, 上記の図を参照してどこにラベルを表示するかを確認してください.

それでは, 移動平均線とラベルと出来高を表示する例を見てみましょう (図 3.30).

[リスト 3.30] ラベルと出来高の表示 (Ch3_3.ipynb 抜粋)

```
df["ma5"]  = df["Close"].rolling(window=5).mean()
df["ma25"] = df["Close"].rolling(window=25).mean()
df["ma75"] = df["Close"].rolling(window=75).mean()

cdf = df[dt.datetime(2021,10,1):dt.datetime(2022,2,28)]
apd = [ mpf.make_addplot(cdf["ma5"], color="blue"),
        mpf.make_addplot(cdf["ma25"], color="green"),
        mpf.make_addplot(cdf["ma75"], color="red")]

# 描画情報を取得
fig, axes = mpf.plot(cdf, type="candle", figratio=(2,1),
                addplot=apd, returnfig=True, volume=True)

# ラベルを追加
axes[0].legend(["MA5", "MA25", "MA75"])

# チャートを表示
fig.show()
```

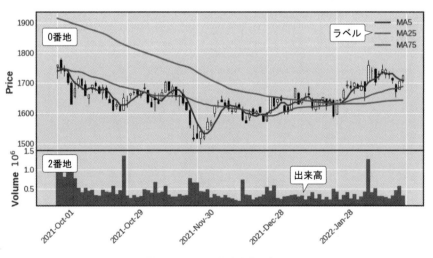

図 3.30　ラベルと出来高の表示

legend メソッドでは，addplot プロパティで追加した移動平均線のデータと同じ順番で，線の名前を配列で指定します．サンプルではカラムと区別するために，ラベルは大文字で表示しています．

その後に，画像情報のオブジェクトで描画の内容を表示する show メソッドを実行することで，ラベルをつけたチャートを表示することができます．

ラベルは，チャート内の移動平均線に重ならない左右のどちらかの領域に表示されます．

3.3.6 移動平均線から株価の動きを考察する

ローソク足と同様に，移動平均線からも株価の動きを考察することができます．コロワイド (7616) と日清紡ホールディングス (3105) の 2 銘柄で 2021 年 4 月末〜 2022 年 2 月中旬のおよそ 200 日分のチャートを描画します（図 3.31，3.32）．

なお，ここから先のサンプルは，移動平均線を大きく表示するため出来高は表示していません．

[リスト 3.31] コロワイド (7616) のチャート（Ch3_3.ipynb 抜粋）

```python
df = get_stock_data(7616)  # コロワイド
df["ma5"]   = df["Close"].rolling(window=5).mean()
df["ma25"]  = df["Close"].rolling(window=25).mean()
df["ma75"]  = df["Close"].rolling(window=75).mean()

cdf = df[dt.datetime(2021,4,30):dt.datetime(2022,2,20)]
apd = [ mpf.make_addplot(cdf["ma5"], color="blue"),
        mpf.make_addplot(cdf["ma25"], color="green"),
        mpf.make_addplot(cdf["ma75"], color="red")]

fig, axes = mpf.plot(cdf, type="candle", figratio=(2,1), addplot=apd,
                returnfig=True)
axes[0].legend(["MA5", "MA25", "MA75"])
fig.show()
```

[リスト 3.32] 日清紡ホールディングス (3105) のチャート（Ch3_3.ipynb 抜粋）

```python
df = get_stock_data(3105)  # 日清紡ホールディングス

# 後略
```

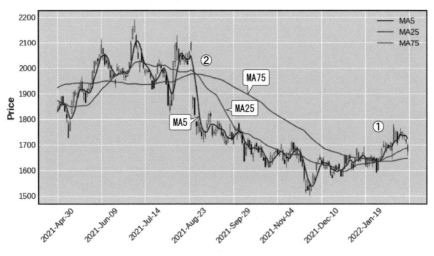

図 3.31　コロワイドのチャート

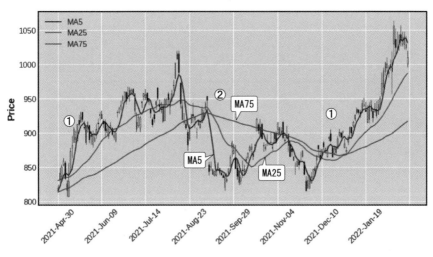

図 3.32　日清紡ホールディングスのチャート

　2 つのチャートを見ると，移動平均線の重なりが「5 日線 > 25 日線 > 75 日線」の順になったときに上がりやすい傾向にあります（①）．その逆の「75 日線 > 25 日線 > 5 日線」の順になった場合は，下がりやすい傾向にあります（②）．

　この傾向を確認するために，サイバーリンクス (3683) と三越伊勢丹ホールディングス (3099) のチャートを確認してみます（図 3.33，3.34）．

[リスト 3.33] サイバーリンクス (3683) のチャート（Ch3_3.ipynb 抜粋）

```
df = get_stock_data(3683)   # サイバーリンクス

# 後略
```

[リスト 3.34] 三越伊勢丹ホールディングス (3099) のチャート（Ch3_3.ipynb 抜粋）

```
df = get_stock_data(3099)   # 三越伊勢丹ホールディングス

# 後略
```

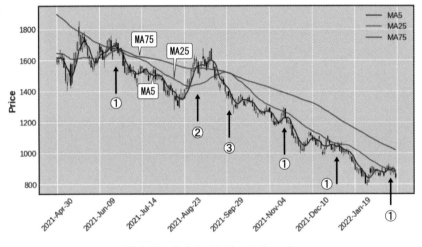

図 3.33　サイバーリンクスのチャート

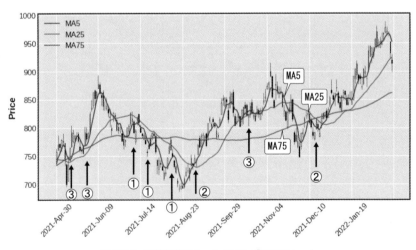

図 3.34　三越伊勢丹ホールディングスのチャート

株価が上昇しようとしても5日線が25日線を越えられない場合は，株価は下がってしまいます（①）．見方によっては，株価が上がろうとしても5日線が25日線に押し下げられているようにも見えます．

　また，5日線が25日線を越えた場合（②）でも，25日線が75日線を越えられない場合（③）は，やはり株価は下がってしまいます．先のサンプルで確認したとおり，「5日線＞25日線＞75日線」の順にならない限り，株価は上昇傾向になりにくいと判断できます．

　三越伊勢丹ホールディングス (3099) のチャートでも確認してみます（図3.34）.

　先のサイバーリンクス (3683) のチャートと同様に，5日線が25日線を越えられない場合は，株価の下落傾向が続きます（①）．5日線が25日線を越え，さらに75日線を越えると，株価の上昇が続きます（②）．ここでも移動平均線が「5日線＞25日線＞75日線」の順になるときに株価の上昇が続くことがわかります．

　また，①とは逆に5日線が25日線を下回らない限り，株価が下落することはないこともわかります（③）．株価が下がろうとしても，5日線が25日線に跳ね返されて，下がらずに上がっているようにも見えます．

　次章以降，移動平均線の重なり以外で株価の上昇／下落の傾向を検出する方法について説明します．

● まとめ

　本章では，入手した株価データを使ってチャートを描画する方法について確認しました．データフレームでデータの特徴を追うより，可視化して考察を行うほうが，直感的に株価の動きを追うのに向いています．

　株価チャートの描画と聞くと難しい感じがしますが，ライブラリを利用することで，短いコードでローソク足と移動平均線といった複数のチャートを1枚のチャート上に描画できます．Pythonでは，データを数行のコードで手軽に可視化できます．豊富にあるライブラリを適切に利用することで，データの分析から可視化までを短い時間で確実に行える便利さを実感してください．

株価の方向性

この章の目標 株価の動き方を理解し，代表的なテクニカル指標を覚えましょう．

4.1 株価データの分析手法

　株価データを Python で分析して考察していくうえで必要になることがらを，先に確認しておきましょう．チャートを読むための基礎的な手法を学んで，データ分析の結果をチャートの視点からも正確に確認できるようにしましょう．

4.1.1 トレンド

　株価がどのように動いてきたかを知ることで，現在から将来にかけて相場がどうなるかを予想しやすくなります．この株価が動く方向を**トレンド**といいます．トレンドには，株価チャートが上向き（上昇），下向き（下降），上昇でも下降でもない横ばい，の3種類があります．3つのトレンドは，大局的な動きを指すときに，それぞれ「上昇トレンド」「下降トレンド」「横ばい」という呼び方で使われます．それぞれの例をコニカミノルタ (4902) のチャートとともに示します．

　チャートを描画するサンプルコードは，日付以外は同じなので最初のみ掲載します．

［上昇トレンド］

　株価が上昇を続けている状態が上昇トレンドです．株価の上昇は，N字の形状で高値と安値を切り上げて，山と谷を形成しながらジグザグの動きで上昇します．N字の範囲の高値と安値が，次のN字ではそれぞれ高く更新されます（図 4.1）．

［リスト 4.1］ローソク足チャートの描画（Ch4_1.ipynb 抜粋）

```
import mplfinance as mpf
import datetime as dt

df = get_stock_data(4902)   # コニカミノルタ
rdf = df[dt.datetime(2021,8,1):dt.datetime(2021,10,15)]
mpf.plot(rdf, type="candle", figratio=(2,1))
```

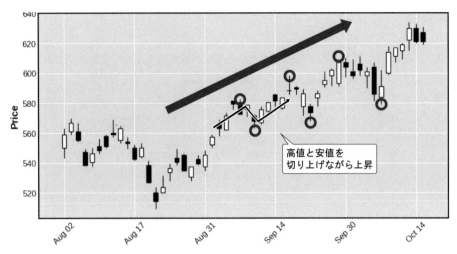

図 4.1　上昇トレンドのチャート（2021 年 8 月 ～ 2021 年 10 月）

【下降トレンド】

　上昇トレンドとは逆に，株価が下降を続けている状態が下降トレンドです．株価の下降は，逆 N 字の形状で高値と安値を切り下げて，山と谷を形成しながらジグザグの動きで下降します．逆 N 字の範囲の高値と安値が，次の N 字ではそれぞれ安く更新されます（図 4.2）．

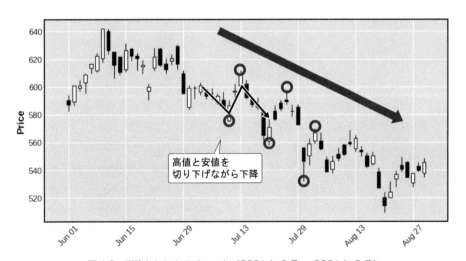

図 4.2　下降トレンドのチャート（2021 年 6 月 ～ 2021 年 8 月）

［横ばい］

　株価があまり動かず，大きく上昇も下降もしない状態のことです．一定の値幅の中で動き，これから上昇するか下降するかわからない状態が続きます．株価が同じ範囲の中に留まるため，**ボックス相場**，**レンジ相場**，**従来相場**ともよばれます．

　図 4.3 のような横ばいの状態では，株価が上昇するか下降するかわからないため，売買の判断が難しいです．そのため，トレンドとしてはあまり重視されません．

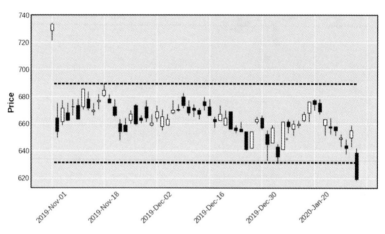

図 4.3　横ばいのチャート（2019 年 11 月～2020 年 1 月）

［トレンドの転換］

　先にあげた上昇トレンドと下降トレンドのチャートを繋げて移動平均線を追加すると，図 4.4 のようなチャートになります．

　一般的には，1ヶ月の移動平均である 25 日移動平均線の上にローソク足があると上昇トレンド，25 日移動平均線の下にローソク足があると下降トレンドといわれています．図 4.4 のチャートも，その傾向に当てはまることがわかります．

　各トレンドとも同じトレンドが長期間続くことは少なく，一定の期間が過ぎるとトレンドが変わります．このトレンドが変わることをトレンドの**転換**といいます．株式の売買で利益を上げるには，適切なタイミングでトレンドの転換に気づくことが重要です．

　また，上昇トレンドで株を買い，下落トレンドのときに株を売る，という具合にトレンドに従って売買する手法を**順張り**といいます．

　順張りとは逆に，下落トレンドのときに「そろそろ上がるだろう」と期待して株を買う／上昇トレンドのときに「そろそろ下がるだろう」と期待して株を売る，という具合にトレンドと逆に売買する手法を**逆張り**といいます．

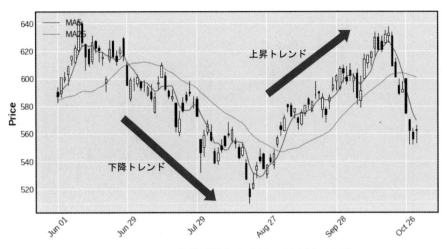

図 4.4　トレンドの転換（2021 年 6 月 〜 2021 年 10 月）

4.1.2 トレンドライン

　相場のトレンドを把握するために，チャート上に引く線のことを**トレンドライン**といいます．上昇トレンドでは安値同士を結び（図 4.5），下降トレンドでは高値同士を結んでトレンドラインを引きます（図 4.6）．それぞれを上昇／下降トレンドラインとよんで区別することもあります．

　安値同士を結んだトレンドラインを株価を，支えるという意味で**支持線**や**サポートライン**，高値同士を結んだトレンドラインを株価を，抑えるという意味で**抵抗線**や**レジス**

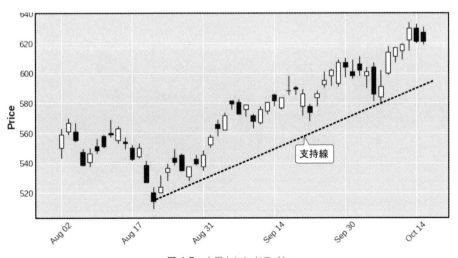

図 4.5　上昇トレンドライン

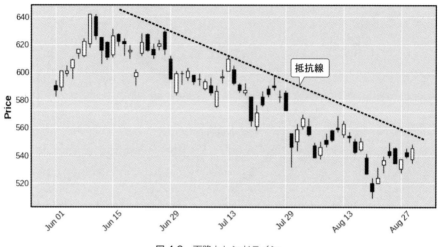

図4.6　下降トレンドライン

タンスラインとよぶこともあります．このような呼び方はすべてのトレンドで共通して使われます．

　トレンドの転換では，図 4.7，4.8 のチャートのように，抵抗線または支持線の範囲を越えて逆方向にローソク足が動きます．

　ローソク足が抵抗線を上回ることを「抵抗線を抜く」，ローソク足が支持線を下回ることを「支持線を割る」といいます．

　トレンドラインを利用すると，支持線と抵抗線という 2 本の線でトレンドを素早く把

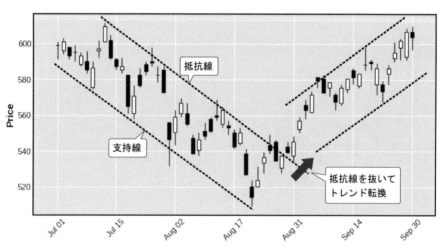

図4.7　下降トレンドから上昇トレンドへの転換

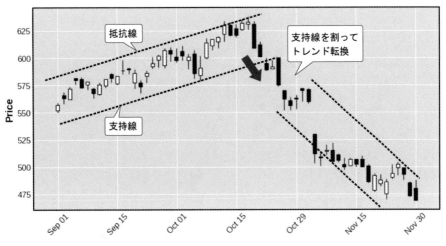

図 4.8　上昇トレンドから下降トレンドへの転換

握できます．ただし，安値や高値が必ずしも直線上に並ばないことや，トレンドライン
に収まらない動きが，大きく動いた N 字なのか最終的なトレンドの転換なのかすぐ判
断できないという欠点もあります．次項では，この点を補うことについて説明します．

4.1.3 テクニカル指標

　物事を判断したり評価する際の基準を指標といいます．テクニカル分析において，株
価のトレンドの転換や株を売買すべき転換点（**売買シグナル**）を判断するための指標の
ことを，**テクニカル指標**といいます．トレンドラインによる相場の判断は人の手による
作業であり，主観的な判断になりがちです．テクニカル指標は数学的に算出されるため，
より客観的な判断に近いといえます．

　テクニカル指標には，トレンドを追うトレンド系と，売られすぎや買われすぎといっ
た相場の過熱度を表すオシレーター系の 2 種類があります．よく利用されるテクニカル
指標には次のものがあります

［トレンド系］

　トレンドをもとに売買シグナルを判断するトレンド系のテクニカル指標には，次のも
のがあります．

(1)　ボリンジャーバンド

　ボリンジャーバンドは，移動平均線の上下に株価の変動幅を表す線を引いたものです
（図 4.9）．線の向きでトレンド，ローソク足の変動幅内の位置でこれから株価がどう動

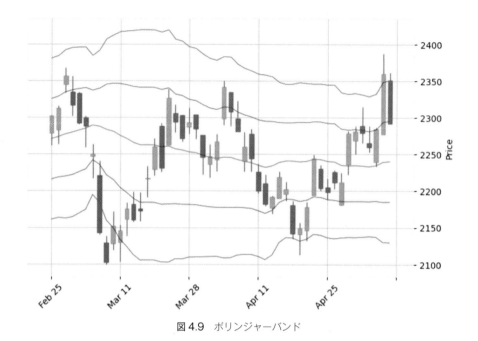

図4.9　ボリンジャーバンド

くかを判断します．詳細は 4.3 節で説明します．

(2)　MACD

　MACD（マックディー）は，短期と長期の移動平均を利用して売りと買いを判断するものです（図 4.10）．移動平均線による判断をより精度を上げて正確にしたものです．詳細は 5.3 節で説明します．

(3)　一目均衡表

　一目均衡表は，移動平均線と，転換線／基準線／先行スパン 1／先行スパン 2／遅行スパンという 5 本の線で構成されます（図 4.11）．先行スパン 1 と先行スパン 2 に挟まれた領域のことを雲とよびます．ローソク足が雲の上にあれば買いが優勢，雲の下にあれば売りが優勢などの判断を行います．

(4)　パラボリック

　パラボリックは，ローソク足の上下に SAR（ストップ・アンド・リバース）とよばれる放物線状に連なる点を打って，相場のトレンドと転換点を判断するものです（図4.12）．

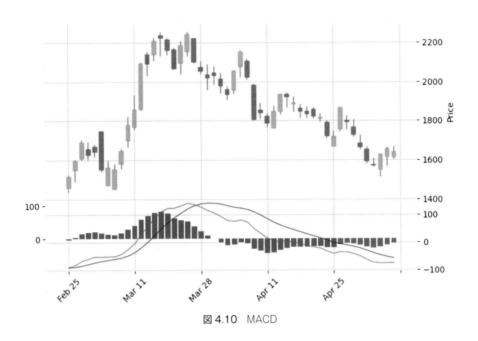

図 4.10　MACD

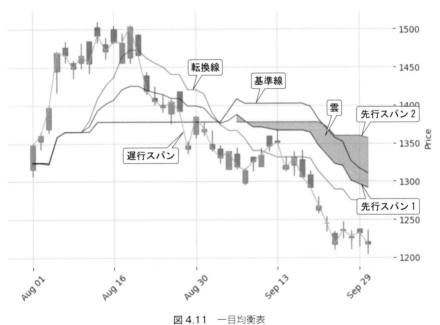

図 4.11　一目均衡表

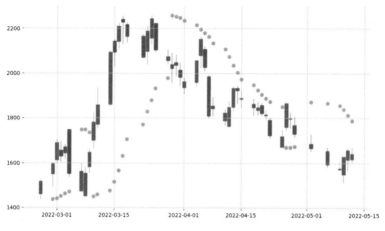

図 4.12　パラボリック

［オシレーター系］

　相場の過熱度をもとに売買シグナル，つまり，売られすぎか買われすぎかを判断する
オシレーター系のテクニカル指標には，次のものがあります．これらの指標には目安と
なる値が存在するため，判断がしやすいです．

(1)　RSI

　RSI（アールエスアイ）は，株価の値上がり幅と値下がり幅を利用して判断するもの
です（図 4.13）．値が 20 〜 25 を割ると売られすぎ，70 〜 80 を抜けると買われすぎの
目安といわれています．

　チャートでは移動平均線と同様に，短期と長期の 2 本の線で売買シグナルを判断しま
す．詳細は 6.1.3 項で説明します．

(2)　ストキャスティクス

　ストキャスティクスは，株価の変動幅と終値から判断するものです（図 4.14）．値が
0 〜 30％以下が売られすぎ，70 〜 80％以上が買われすぎの目安といわれています．

　チャートでは，計算方法の異なる 2 本の線で売買シグナルを判断します．詳細は 6.1.4
項で説明します．

(3)　乖離率

　乖離率は，株価が移動平均線から離れすぎないという平均回帰の性質を利用して判断
するものです（図 4.15）．銘柄によってばらつきがありますが，一般に株価が移動平均
から 5 〜 10％離れると，移動平均線寄りに株価が戻るといわれています．詳細は 4.4.3
項で説明します．

図 4.13 RSI

図 4.14 ストキャスティクス

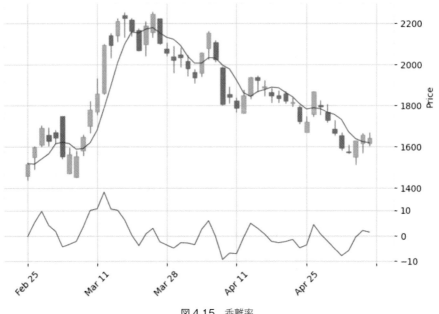

図 4.15　乖離率

　株価チャートの乖離率とは，移動平均から株価がどれだけ離れているかを数値化したものです．移動平均から株価が離れた場合，時間が経てば移動平均に近いところまで戻るという考えに基づいた指標です．乖離率の大小は，「売られすぎ」「買われすぎ」という相場の過熱度を判断する目安の 1 つとされています．

　テクニカル指標は，株価データがあればプログラムで自動的に分析できるという特徴があります．運用を工夫すれば，人の手を介在せずに，自動的に株価を分析することも可能です．

　テクニカル指標のようなデータを分析して得られる結果は，データが積み上がるほど正確になります．テクニカル指標を用いる株価分析では，1 日の出来高が数十万株以上の銘柄の株価データを用いるようにしてください．

　Python では，ライブラリ **TA-Lib** を使ってテクニカル指標を計算します．次節より，TA-Lib を利用したテクニカル分析について説明します．TA-Lib には 200 種類以上のテクニカル指標を計算できるので，慣れてきたら自分に合った指標を探してみてください．

4.2 テクニカル分析の準備

　Python で株価のテクニカル分析を行う前の準備として，テクニカル分析専用のライブラリのインストールとライブラリの基本的な使い方を紹介します.

4.2.1 TA-Lib のインストール

　TA-Lib とは，データ分析を行うために公開されているライブラリの1つで，金融データを分析する機能を数多く備えています. Ta-Lib は Python を含め，C 言語や Java など多くのプログラムで利用できるように設計されています.

　TA-Lib のインストールは，ソースコードからコンパイルして行います. Google Colaboratory が動いている仮想環境では，Python のライブラリとして公開されているソースコードを入手してコンパイル後にインストールすることができます. その手順は次のとおりです.

① ソースコードの入手
② コンパイルの準備
③ コンパイル実行
④ インストール実行

　この手順に従って TA-Lib をインストールします. Ta-Lib のドキュメントの該当ページ（https://mrjbq7.github.io/ta-lib/install.html）を参照して，上記の① ～ ④をまとめて次のように実行します.

[リスト 4.2] Ta-Lib のインストール（Ch4_2.ipynb 抜粋）

```
!wget http://prdownloads.sourceforge.net/ta-lib/ta-lib-0.4.0-src.tar.gz # ①
!tar -xzvf ta-lib-0.4.0-src.tar.gz
%cd ta-lib
!./configure --prefix=/usr  # ②
!make  # ③
!make install  # ④
!pip install Ta-Lib
```

　ソースコードの入手は，インターネット上のファイルをダウンロードする wget コマンドで行います（①）. 入手したソースコードは圧縮ファイルなので，tar コマンドで展開した後に，展開した ta-lib ディレクトリに cd コマンドで移動します. 「cd」のようなディレクトリを変更するコマンドでは，コマンドの前に「%」をつけて実行します.

移動したディレクトリの中で，コンパイルの準備を行う configure ファイルを，ドキュメントに従って「--prefix=/usr」のオプションをつけて実行します（②）．続いて make コマンドでコンパイル（③），make install コマンドでインストールを実行します（④）．すると，pip コマンドでインストールできる実行ファイルが生成されるので，pip コマンドでインストールします．インストールの完了までは数分を要します．

上記のコマンドを実行すると，最後に図 4.16 のような，インストールできた旨のログが出力されます．

Successfully built Ta-Lib
Installing collected packages: Ta-Lib
Successfully installed Ta-Lib-0.4.24

図 4.16　TA-Lib のインストール確認

❗注意

TA-Lib の公式ドキュメントでは，pip コマンドでインストールするように案内されています．しかし，2022 年 10 月現在の Google Colaboratory では，

```
ERROR: Command errored out with exit status 1:/usr/bin/python3 -u -c
        'import io, os, sys, setuptools, tokenize;
```

のようなエラーが出てインストールすることはできません．

上記の理由で，本書では pip コマンドではなく，ソースコードからインストールする方法を採っています．

❗補足

Google Colaboratory が動いている仮想環境 OS は Linux です．システム情報を参照できる uname コマンドを実行すると確認できます（図 4.17）．

[リスト 4.3] システム情報の参照（Ch4_2.ipynb 抜粋）

```
!uname -a
```

Linux 1822d9f6efd2 5.4.144+ #1 SMP Tue Dec 7 09:58:10 PST 2021 x86_64 x86_64 x86_64 GNU/Linux

図 4.17　システム情報の参照

TA-Lib をソースコードからインストールする際の手法は，公式ドキュメントの Linux 向けのインストール手順を参照しています．

4.2.2 **TA-Lib を利用して移動平均線を描画する**

TA-Lib を利用すると，さまざまなテクニカル指標を 1 つのライブラリで計算することができます．たとえば，移動平均の計算は SMA メソッドで行うことができます．その構文は次のとおりです．

[構文 4.4] SMA メソッド

```
% 移動平均のシリーズ % = % TA-Lib オブジェクト %
                    .SMA(% 終値のシリーズ %, % 移動平均の日数 %)
```

データフレームを利用して移動平均を算出する場合は複数のメソッドが必要だったのに対して，TA-Lib では SMA メソッド 1 つで十分です．3.3.6 項の最後のサンプル（リスト 3.34）の移動平均線のチャートを表示するコードは，SMA メソッドを利用すると，次のようになります（図 4.18）．

[リスト 4.5] Ta-Lib を利用した移動平均線の表示（Ch4_2.ipynb 抜粋）

```python
import mplfinance as mpf
import datetime as dt
import talib as ta

df = get_stock_data(3099) # 三越伊勢丹ホールディングス
df["ma5"]   = ta.SMA(df["Close"], 5)
df["ma25"]  = ta.SMA(df["Close"], 25)
df["ma75"]  = ta.SMA(df["Close"], 75)

cdf = df[dt.datetime(2021,4,30):dt.datetime(2022,2,20)]
apd = [ mpf.make_addplot(cdf["ma5"], color="blue"),
        mpf.make_addplot(cdf["ma25"], color="green"),
        mpf.make_addplot(cdf["ma75"], color="red")]

fig, axes = mpf.plot(cdf, type="candle", figratio=(2,1), addplot=apd,
                returnfig=True)
axes[0].legend(["MA5", "MA25", "MA75"])
fig.show()
```

チャートに表示する移動平均線とテクニカル指標の計算をすべて 1 つのライブラリで行うと，ソースコードの管理がしやすくなります．

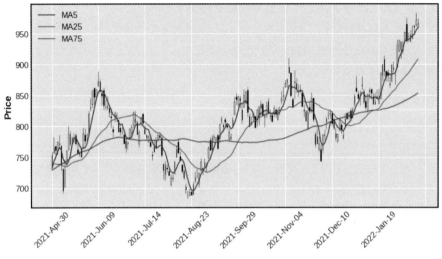

図 4.18　SMA メソッドによる実行

(4.3) ボリンジャーバンド

　TA-Lib を使ったテクニカル分析の第一歩として，移動平均線をベースに株価の変動
範囲の目安を示すボリンジャーバンドを扱います．分析の手順や結果の見方などを学び
ましょう．

4.3.1 株価の変動幅の目安となるボリンジャーバンド

　ボリンジャーバンドとは，アメリカの投資家ジョン・ボリンジャーが考案したテクニ
カル指標です．ボリンジャーバンドは，図 4.19 のように移動平均線の上下に値動きを表
す 3 段階の株価の動きの幅を示すバンドという線を加えた指標です．株価の変動がバン
ドの幅に収まる，つまり，株価の変動はバンドの範囲内で行われるという見方をします．
　バンドを表す線は，**標準偏差**をもとに計算されたものです．標準偏差とは，平均値か
らどれくらいのばらつきがあるかを数値で示したものです．ばらつきが大きいほど標準
偏差は大きくなります．ボリンジャーバンドのチャートでいうと，線の幅が広いほど株
価の変動は大きく，線の幅が広くなる方向への値動きが大きいと判断できます．このよ
うに視覚的にトレンドを判断できる，非常にわかりやすいテクニカル指標です．
　ボリンジャーバンドの標準偏差の単位は σ（シグマ）で扱います．3 段階の標準偏差
は，図のとおりに $+1\sigma$（アッパーバンド 1），$+2\sigma$（アッパーバンド 2），$+3\sigma$（アッパー
バンド 3），-1σ（ロワーバンド 1），-2σ（ロワーバンド 2），-3σ（ロワーバンド 3）

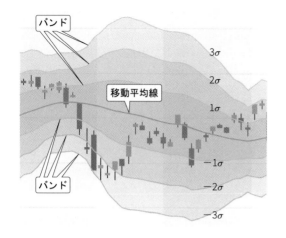

図 4.19　ボリンジャーバンドのイメージ

表 4.1　バンドに株価が収まる確率

バンド	株価が収まる確率
±1σ	68.2%
±2σ	95.4%
±3σ	99.7%

の名前で扱います.

　バンドに株価が収まる確率は,表 4.1 のとおりです.

　図 4.19 のように,ボリンジャーバンドはローソク足とともに表示することが多いです.ボリンジャーバンドで株価の変動範囲を示すとともに,バンドの中のどの位置にローソク足が存在するかで,今後株価が上がる／下がる余地がどれくらいあるか,という判断ができます.

　±3σ のバンドはほぼ確実に株価を収めることと,±2σ との差が 4%ほどしかないため,指標としては重視されずチャートにも表示されないことも多いです.本書でも,チャートを見やすくするために ±3σ のバンドは省略します.

4.3.2　ボリンジャーバンドの算出と表示

　ボリンジャーバンドの概要がわかったところで,チャートにボリンジャーバンドを実際に表示してみましょう.ボリンジャーバンドを算出するには TA-Lib の **BBANDS** メソッドを利用します.BBANDS メソッドの構文は次のとおりです.

[構文 4.6] BBANDS メソッドの構文

```
% アッパーバンド %, % 移動平均 %, % ロワーバンド % = %TA-Lib オブジェクト %.BBANDS(
    % 終値のシリーズ %, timeperiod=% 移動平均の日数 %,
    nbdevup=% アッパーバンドの σ %, nbdevdn=% ロワーバンドの σ %,
    matype=%TA-Lib オブジェクト %.% 移動平均の種類 %)
```

　BBANDS メソッドの戻り値は,アッパーバンド,移動平均,ロワーバンドの 3 つのシリーズです.

この構文のように，複数の戻り値をまとめて管理することを**タプル**といいます．タプルでは，使わない値に「＿（アンダーバー）」を記述しておくと，その値は戻り値として受けとりません．BBANDS メソッドの戻り値のうち，移動平均については利用しないので，サンプルコードでは「＿」を記述して利用しないことを明記します．このイメージは図 4.20 のとおりです．

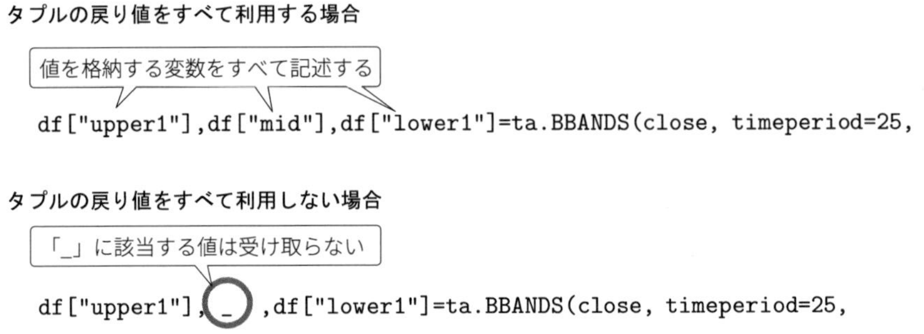

タプルの戻り値をすべて利用する場合

値を格納する変数をすべて記述する

```
df["upper1"],df["mid"],df["lower1"]=ta.BBANDS(close, timeperiod=25,
```

タプルの戻り値をすべて利用しない場合

「＿」に該当する値は受け取らない

```
df["upper1"], _ ,df["lower1"]=ta.BBANDS(close, timeperiod=25,
```

図 4.20　タプルの値をすべて利用しない場合

BBANDS メソッドの引数は，終値のシリーズ，移動平均の日数 (timeperiod)，アッパーバンドの σ (nbdevup) とロワーバンドの σ (nbdevdn)，移動平均の種類 (matype) です．移動平均の種類は，TA-Lib で定義されている MA_Type オブジェクトで指定します．MA_Type オブジェクトの種類は表 4.2 のとおりです．本書では，単純移動平均を用いるので，MA_Type オブジェクトは MA_Type.SMA を用います．

表 4.2　MA_Type オブジェクトの種類

値	概要
MA_Type.SMA	単純移動平均
MA_Type.EMA	平滑移動平均
MA_Type.T3	トリプル指数移動平均

❗Note

トリプル指数移動平均とは，平滑移動平均をベースに移動平均を繰り返し算出したものです．トリプル指数移動平均線は，平滑移動平均線よりトレンドへの反応が早く，一時的な株価の上下には反応しづらい移動平均線として表示されます．

トレンドのサンプルで利用したコニカミノルタ (4902) の株価データを用いてボリンジャーバンドをチャートに表示するサンプルは，次のようにして作成することができます.

[リスト 4.7] ボリンジャーバンドの表示（Ch4_3.ipynb 抜粋）

```
import mplfinance as mpf
import datetime as dt
import talib as ta

df = get_stock_data(4902)    # コニカミノルタ
close = df["Close"]

# 25日移動平均線
df["ma25"]  = ta.SMA(close, 25)

# ボリンジャーバンド ±1σ ±2σ
df["upper1"], _, df["lower1"] = ta.BBANDS(close, timeperiod=25,
                                nbdevup=1, nbdevdn=1, matype=ta.MA_
                                Type.SMA)
df["upper2"], _, df["lower2"] = ta.BBANDS(close, timeperiod=25,
                                nbdevup=2, nbdevdn=2, matype=ta.MA_
                                Type.SMA)

# 2021.10.1 から 2022.2.28 までのチャートを作成
cdf = df[dt.datetime(2021,10,1):dt.datetime(2022,2,28)]
apd  = [
            # 25日移動平均線
            mpf.make_addplot(cdf["ma25"], color="blue", width=0.5),
            # ボリンジャーバンド +1σ
            mpf.make_addplot(cdf["upper1"], color="purple", width=0.5),
            # ボリンジャーバンド -1σ
            mpf.make_addplot(cdf["lower1"], color="purple", width=0.5),
            # ボリンジャーバンド +2σ
            mpf.make_addplot(cdf["upper2"], color="red", width=0.5),
            # ボリンジャーバンド -2σ
            mpf.make_addplot(cdf["lower2"], color="red", width=0.5)
        ]

# ラベルをつけてチャートを表示
fig, axes = mpf.plot(cdf, type="candle", figratio=(2,1),
            addplot=apd, returnfig=True)
axes[0].legend(["MA25", "+1σ", "-1σ", "+2σ", "-2σ"])
fig.show()
```

株価データを取得した後に，終値のシリーズをもとに 25 日移動費平均線をベースに
ボリンジャーバンドを計算します．同時に，線の太さを width プロパティで指定します．
複数の線を表示するチャートでは，線と線の関係を見やすくするために，このプロパティ
の値で線の太さを調整します．±3σ は表示しないので，±1σ と ±2σ のボリンジャーバ
ンドを BBANDS メソッドで算出します．算出した 25 日移動平均とボリンジャーバン
ドは，addplot プロパティでチャートに表示します．

サンプルを実行すると，図 4.21 のようにボリンジャーバンドを伴ったチャートが表
示されます．

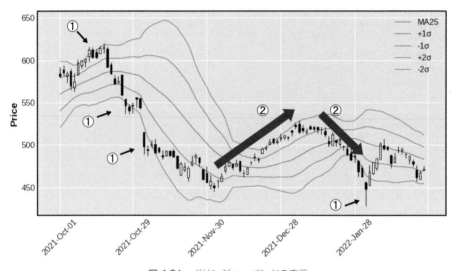

図 4.21　ボリンジャーバンドの表示

ボリンジャーバンドは移動平均線の上下に表示され，ローソク足の範囲も ±2σ の範
囲でほぼカバーされていることがわかります．①のように ±2σ の範囲を外れた場合に
は，ローソク足はバンドの範囲に戻るような動きをすることがわかります．

株価が動く場合も，②のようにボリンジャーバンドの範囲に収まる範囲で上がり，収
まる範囲で下がるのが一般的であることがわかります．

4.3.3　ボリンジャーバンドから相場を判断する

キヤノン (7751) の 2021 年 10 月 ～ 2022 年 2 月までのチャートを参照してみます．
チャートを描画するサンプルコードは前回のサンプルと同じなので，銘柄コードや日付
の指定など，違う部分だけを抜粋して掲載します（図 4.22）．

[リスト 4.8] スクイーズとエクスパンションの確認（Ch4_3.ipynb 抜粋）

```
df = get_stock_data(7751)    # キヤノン
close = df["Close"]

# 後略
```

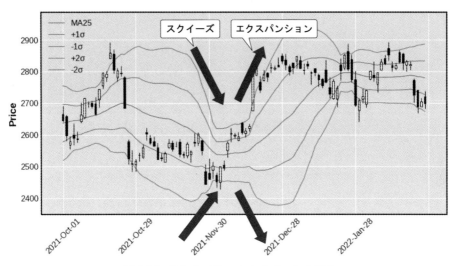

図 4.22　スクイーズとエクスパンションの確認

　ボリンジャーバンドは，図 4.22 のチャートのように，バンドが収縮する**スクイーズ**と拡大する**エクスパンション**という状態があります．

　スクイーズでは，株価の変動幅も小さくなり，あまり大きく動くことはありません．逆にエクスパンションでは，上下のどちらかに大きく動きます．期間を 2020 年 10 月 〜 2022 年 2 月までの 2 年半ほどにして再度チャートを確認してみます（図 4.23）．

[リスト 4.9] スクイーズとエクスパンションの確認（Ch4_3.ipynb 抜粋）

```
df = get_stock_data(7751)    # キヤノン

# 中略

# 2021.10.1 から 2022.2.28 までのチャートを作成
cdf = df[dt.datetime(2020,10,1):dt.datetime(2022,2,28)]

# 後略
```

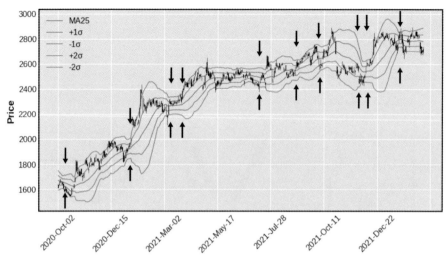

図 4.23　スクイーズとエクスパンションの確認

　チャートのとおり，スクイーズとエクスパンションを繰り返しながら株価が推移して
います．スクイーズとエクスパンションのどちらか一方が継続するのではなく，両方が
不定期に起こっていることに注目してください．

　チャートでは全体的に 25 日移動平均線は上昇トレンドなので，スクイーズの後にエ
クスパンションが起こって上昇しやすいと判断できると，売買シグナルも見当をつけや
すくなります．

　また，上昇／下降のトレンドの際には，図 4.24 のようにバンドに沿って株価が動く
ことも多いです．

［リスト 4.10］バンドウォークの確認（Ch4_3.ipynb 抜粋）

```
df = get_stock_data(7182)    # ゆうちょ銀行

# 中略

# 2021.10.1 から 2022.2.28 までのチャートを作成
cdf = df[dt.datetime(2021,10,1):dt.datetime(2022,2,28)]

# 後略
```

　図 4.24 の破線部分のように，ローソク足がバンドに沿って並び，バンドに沿って株
価が推移することを**バンドウォーク**とよびます．バンドウォークは，ローソク足が完全
にバンドに並ぶ期間以外にも，＋1σ 〜 ＋2σ の間／−1σ 〜 −2σ の間でローソク足が N
字型に上下動を繰り返す期間も含みます．

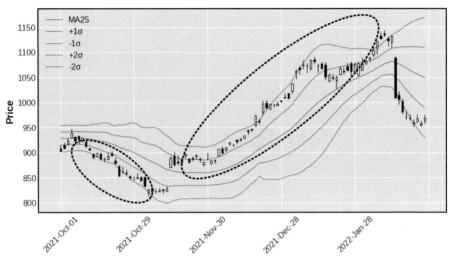

図4.24　バンドウォークの確認

　バンドウォークが発生すると，その方向のトレンドはしばらく継続します．つまり，バンドウォークが発生した後は，順張りの取引に向いている相場だと判断できます．

　株価が横ばいになったときにも，ボリンジャーバンドによる判断は有効です．株価の動きが一定の範囲に留まる場合は，＋2σのバンドを見ることで，株価の変動範囲の上限と下限がわかります（図4.25）．

[リスト4.11] 横ばいでのボリンジャーバンドの表示（Ch4_3.ipynb 抜粋）

```
df = get_stock_data(9783)    # ベネッセホールディングス

# 中略

# 2021.11.1 から 2022.2.28 までのチャートを作成
cdf = df[dt.datetime(2021,11,1):dt.datetime(2022,2,28)]

# 後略
```

　ローソク足が−2σに触れるあたりでそろそろ上がると判断して買う，ローソク足が＋2σに触れるあたりでもう上昇しないと判断して売る，という逆張り的な使い方ができます．

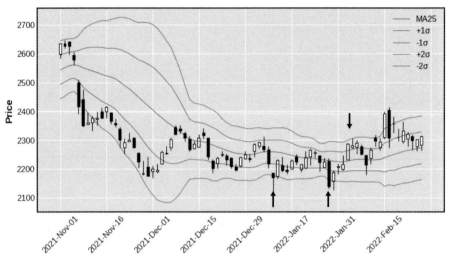

図4.25　横ばいでのボリンジャーバンドの表示

4.4 ボリンジャーバンド，移動平均線，ローソク足

テクニカル指標の1つであるボリンジャーバンドの算出と表示ができたので，移動平均線とローソク足を交えた考察を行ってみましょう．

4.4.1 トレンドの転換

前節の図4.24で見たゆうちょ銀行(7182)のチャートをあらためて確認してみます（図4.26）．

①の丸印で株価が上昇し，②の丸印で株価が下落しています．このとき，①では-2σが右下方向からやや右上方向に，②では，$+2\sigma$線が右上方向からやや右下方向に向きを変えているのがわかります．ローソク足は若干遅れて$\pm2\sigma$線に従って動いています．

これまでに作成したチャートを見ても，$\pm2\sigma$線が向きを変えた後は，$\pm2\sigma$線，$\pm1\sigma$線，移動平均線の順で向きが変わります．つまり，$\pm2\sigma$線が向きを変えた場合は，相場のトレンドが転換する兆しであるとも判断できます．ボリンジャーバンドは，株価の変動幅を見るだけでなく，移動平均線とローソク足よりも早くトレンドの初動を察知するものとしても用いられることがあるのを覚えておいてください．

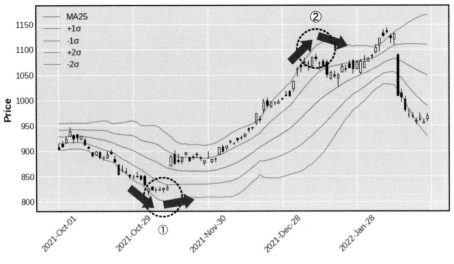

図 4.26　トレンドの転換の例

4.4.2 跳ね返り

　前項のチャートでは, ①の丸印では -2σ 線の向きが変わった後, 株価は上昇しました. ところが, ②の丸印では $+2\sigma$ 線の向きが変わったにもかかわらず, 株価は少し下落した後に持ち直し, 上昇しました. このことを図 4.27 で考察してみます.

　これまでに見てきたチャートからもわかるように, 25 日移動平均線の上にローソク

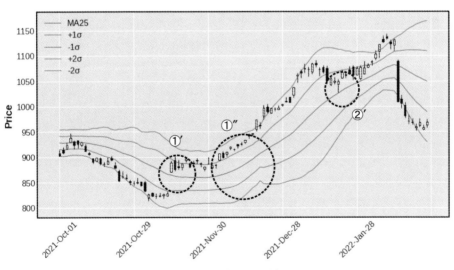

図 4.27　跳ね返りの例

足がある場合は上昇トレンドであり，ローソク足が移動平均線の下にある場合は下降トレンドであることが多いです．

　-2σ線が向きを変えた後の①′付近では，ローソク足が移動平均線を越えました．そのままローソク足は移動平均線の上にある位置を維持し続けて①″付近ではボリンジャーバンドのすべての線が上昇傾向，つまりボリンジャーバンド自体が上昇傾向となり，株価も上がり続けます．

　②′付近では，+2σ線が右下向きに向きを変え，ローソク足も下落傾向でした．ですが，ローソク足が移動平均線に触れた後に，下げが止まり逆に上がり出しました．

　この現象を説明するために，先のチャートを5日移動平均線と25日移動平均線のみにした図4.28を見てみます．

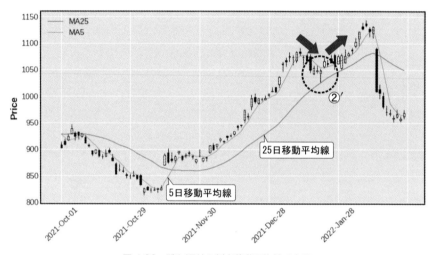

図 4.28　跳ね返りの例を移動平均線で表示

　5日移動平均線を表示すると，②′付近では下がっています．つまり，株を売っている人のほうが多いということです．25日移動平均線は，最近1ヶ月の終値の平均値です．5日移動平均線は，最近1週間の終値の平均値です．5日移動平均線が25日移動平均線の上にある場合は，直近の相場では，最近1ヶ月の終値以下の値段で株を買った人がいないということを意味します．

　まとめると，次の2つのことがいえます．

・5日移動平均線が下がる = 最近1週間で株を売る人が増えている
・5日移動平均線が25日移動平均線の上にある
　　= 直近の相場では最近1ヶ月の終値以下の値段で株を買った人がいない

このことを考慮すると，売りが続いたまま5日移動平均線が下がって25日移動平均線を下回ってしまうと,直近で買った株価を下回った値段で売るという意味になります．そうなると株を売っても利益が出ないため，株を売る意味がなくなります．その結果,売りが減って買いが増える相場になります．

チャートで考えると図4.29のようなイメージです．

上記のような理由で，5日移動平均線は再び上昇することが多いです．チャート上では，25日移動平均線で5日移動平均線やローソク足が跳ね返っているように見えます．最終的にローソク足は25日移動平均線より下の位置にならず，下落トレンドにはなりませんでした．25日移動平均線が支持線の役目を果たしたともいえます．

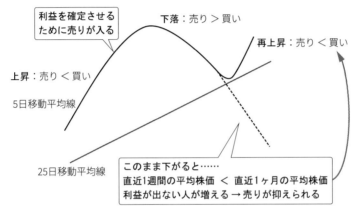

図4.29 5日移動平均線と25日移動平均線の関係

このように，移動平均線とローソク足で相場の状態を考えることもできます．

なお，チャートの最後のほうに出ている強い売りがあったことを示す長い陰線（大陰線）（図4.30の③）に関しては，ロシアとウクライナの間で紛争が始まることに対しての危機感からすべての銘柄で売りが入ったことによるものです．

戦争や災害，政権の交代など将来的な見通しが立たないことが起こった場合は，このように株価が大きく下がってしまうことがあります．よくある例としては，北朝鮮が日本海にミサイルを打ち込んだ後にすべての銘柄が大きく下がることがあげられます．大きく下がった後は，事態の収拾が見通せない限り，株価は元に戻らずに停滞することが多いです．

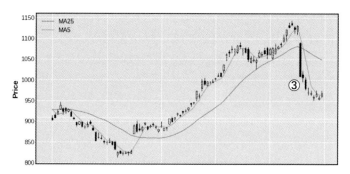

図 4.30　大陰線の表示

コラム　恐怖と貪欲の指数

　米国のニュース専門チャンネル CNN が公開している「恐怖と貪欲の指数 (Fear & Greed Index)」(https://money.cnn.com/data/fear-and-greed/) という指標があります．サイトの上にある図 4.31 のようなメーターに，その指数が表示されています．

図 4.31　恐怖と貪欲の指数

　「恐怖 < 貪欲」の場合は，針が右側の 50 ～ 100 を示します．恐怖心よりも利益を求める貪欲さが強い状態です．針の目盛りが指す値が大きいほど投資が活発になっているということを意味します．
　逆に「恐怖 > 貪欲」の場合は，針が左側の 0 ～ 50 を示します．この場合は，恐怖心のほうが強いので，投資よりも投げ売りを行っている状態です．針の目盛りが指す値が小さいほど恐怖心が大きいということを意味します．
　目安としては，値が 80 を超えた場合は，市場の熱量が高いので，これから市場は冷え込むものと判断され，相場は下降するといわれています．
　値が 20 より低い場合は，市場が冷え込んでいるので，これから市場が過熱すると判断され，相場は上昇するといわれています．図 4.31 のように値が 1 桁の場合には，もうこれ以上下がることが少なく，翌日から急に多くの銘柄の株価が上がることが多いです．
　ちょうど，ボリンジャーバンドの ±2σ を汎用化して逆張りに使えるようにしたイメージです．チャートでの分析が面倒だという方は，このような指標を用いて相場がどんな状況かの判断を行うこともできます．

4.4.3 平均回帰

一般に，データを収集していると，ばらつきがあっても最終的に平均値に近くなることが多いです．このことを**平均回帰**といいます．株価データにおいても，ローソク足が移動平均線から離れても，移動平均線付近に戻ります．その後に移動平均線から離れ，また戻る，という動きを繰り返すことが多いです．

このことをベネッセホールディングス (9783) のチャートで確認してみます（図 4.32）．

[リスト 4.12] 平均回帰の確認（Ch4_4.ipynb 抜粋）

```
df = get_stock_data(9783)      # ベネッセホールディングス
close = df["Close"]

# 移動平均
df["ma5"]   = ta.SMA(close, 5)
df["ma25"]  = ta.SMA(close, 25)
df["ma75"]  = ta.SMA(close, 75)

# 2021.10.1 から 2022.3.31 までのチャートを作成
cdf = df[dt.datetime(2021,10,1):dt.datetime(2022,3,31)]
apd  = [
    # 5 日移動平均線
    mpf.make_addplot(cdf["ma5"], color="blue", width=0.7),
    # 25 日移動平均線
    mpf.make_addplot(cdf["ma25"], color="green", width=0.7),
    # 75 日移動平均線
    mpf.make_addplot(cdf["ma75"], color="purple", width=0.7)
]

fig, axes = mpf.plot(cdf, type="candle", figratio=(2,1),
              addplot=apd, returnfig=True)

axes[0].legend(["MA5", "MA25"])
fig.show()
```

ローソク足は，5 日移動平均線と 25 日移動平均線の両方で上下に振れているのがわかります．期間が短い 5 日移動平均線のほうが動きが顕著です．長期的なチャートで見る場合は，75 日移動平均線も考慮するほうがよいでしょう．ただし，ここでは紙面の都合上，5 日線と 25 日線で平均回帰を考えます．

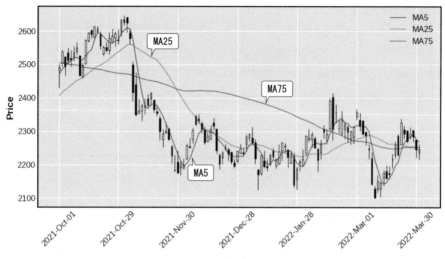

図 4.32　平均回帰の確認

［乖離率］

　移動平均線とローソク足の終値がどれくらい離れているかを［％］で表したものを，**乖離率**または**移動平均乖離率**といいます．ローソク足が移動平均線を上下することは，いいかえると，乖離率の絶対値が大きくなった後に小さくなる，という状態を繰り返しているのと同じです（図 4.33）．

　4.1.1 項で触れた，ローソク足が N 字の形状になるという現象も，平均値を乖離率に注目すれば理由を説明できます．このことをチャートでも確認するために，移動平均の乖離率もチャートに表示してみます．

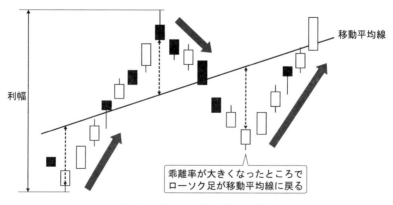

図 4.33　移動平均線と終値の乖離率

移動平均の乖離率は，次の構文で求めることができます．

[構文 4.13] 乖離率の算出

```
% 乖離率 % = (% 終値 % - % 平均値 %) / % 平均値 %  * 100
```

終値と平均値の差がどれくらいの割合かを計算することで，乖離率を求めることができます．移動平均線と乖離率のチャートは次のコードで表示できます．

[リスト 4.14] 平均回帰の確認（Ch4_4.ipynb 抜粋）

```
df = get_stock_data(9783)    # ベネッセホールディングス
close = df["Close"]

# 移動平均
df["ma5"]  = ta.SMA(close, 5)
df["ma25"]  = ta.SMA(close, 25)

# 乖離率
df["ma5_deviation_rate"] = (close - df["ma5"]) / df["ma5"] * 100
df["ma25_deviation_rate"] = (close - df["ma25"]) / df["ma25"] * 100

# 2021.10.1 から 2022.3.31 までのチャートを作成
cdf = df[dt.datetime(2021,10,1):dt.datetime(2022,3,31)]
apd  = [
    # 移動平均線
    mpf.make_addplot(cdf["ma5"], color="blue", panel=0, width=0.7),
    mpf.make_addplot(cdf["ma25"], color="green", panel=0, width=0.7),
    # 5 日移動平均乖離率
    mpf.make_addplot(cdf["ma5_deviation_rate"], color="blue", panel=1),
    # 25 日移動平均乖離率
    mpf.make_addplot(cdf["ma25_deviation_rate"], color="green", panel=2)
]

fig, axes = mpf.plot(cdf, type="candle", figratio=(5,3),
                addplot=apd, returnfig=True)
axes[0].legend(["MA5", "MA25"])
axes[2].legend(["MA5_deviation_rate"])
axes[4].legend(["MA25_deviation_rate"])
fig.show()
```

乖離率は，5 日移動平均と 25 日移動平均で別々に計算します．計算したそれぞれの乖離率を panel プロパティでパネルの順番を指定して表示します．panel プロパティで指定する順番は，チャートの上から 1, 2, 3, ..., n で指定します．サンプルを実行すると，図 4.34 のチャートが表示されます．

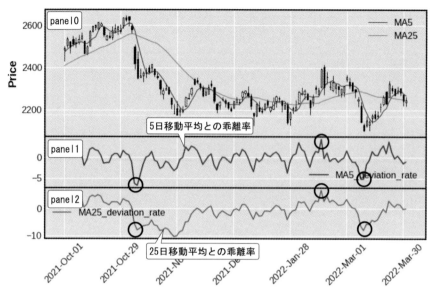

図 4.34 移動平均線と乖離率

　25日移動平均線に比べると5日移動平均線のほうが線が上下する動きがあるので，
乖離率の上下も多く見られます．ローソク足が移動平均線から大きく離れるあたりでは，
両者の乖離率で同じような線の動きが見られます．乖離率の動きと株価の動きも似てい
るように見えます．

［ボリンジャーバンドと乖離率の関係］

　次に，ボリンジャーバンドと乖離率を同じチャートで表示してみます．

［リスト 4.15］ 平均回帰の確認（Ch4_4.ipynb 抜粋）

```
df = get_stock_data(9783)    # ベネッセホールディングス
close = df["Close"]

# 中略

# ボリンジャーバンド ±1σ ±2σ
df["upper1"], _, df["lower1"] = ta.BBANDS(close, timeperiod=25,
                                      nbdevup=1, nbdevdn=1,
                                      matype=ta.MA_Type.SMA)
df["upper2"], _, df["lower2"] = ta.BBANDS(close, timeperiod=25,
                                      nbdevup=2, nbdevdn=2,
                                      matype=ta.MA_Type.SMA)
```

```
# 2021.10.1 から 2022.3.31 までのチャートを作成
cdf = df[dt.datetime(2021,10,1):dt.datetime(2022,3,31)]

apd  = [
    # MA25
    mpf.make_addplot(cdf['ma25'], color='green', panel=0, width=0.7),
    # ボリンジャーバンド
    mpf.make_addplot(cdf["upper1"], color="purple", width=0.5),
    mpf.make_addplot(cdf["lower1"], color="purple", width=0.5),
    mpf.make_addplot(cdf["upper2"], color="red", width=0.5),
    mpf.make_addplot(cdf["lower2"], color="red", width=0.5),
    # 5日移動平均線乖離率
    mpf.make_addplot(cdf['ma5_deviation_rate'], color='blue', panel=1),
    # 25日移動平均線乖離率
    mpf.make_addplot(cdf['ma25_deviation_rate'], color='green', panel=2)
]

fig, axes = mpf.plot(cdf, type="candle", figratio=(5,3),
                addplot=apd, returnfig=True)
axes[0].legend(["MA25", "+1σ", "-1σ", "+2σ", "-2σ"])
axes[2].legend(["MA5_deviation_rate"])
axes[4].legend(["MA25_deviation_rate"])
fig.show()
```

　BBANDS メソッドで計算したボリンジャーバンドと 25 日移動平均線を，addplot プロパティに指定してチャートで描画します．サンプルを実行すると，図 4.35 のチャートが表示されます．

　ボリンジャーバンドの ±2σ 線にローソク足が触れた後の反転のタイミングは，乖離率の戻りとほぼ同じタイミングであることがわかります．また，矢印のように，±2σ 線にローソク足が届かずに反転する場合にも，乖離率が反転していることがわかります．

　ローソク足の形状，移動平均線の向き，ボリンジャーバンド，乖離率など，1 つだけだと判断が難しい場合もあります．このようなときには，複数の判断材料を使って株価の動きを判断すると，より正確な判断ができると期待できます．mplfinance では，比較的自由にチャートを作成することができます．つまり，開発者自身が最もわかりやすいチャートを描画できるのです．

　今回のサンプルでは，移動平均線と終値の乖離率をグラフとして描画してみました．気になるデータを可視化して既存の指標と比較するといったことも，自分自身でチャートを作成すれば，比較的簡単にできます．

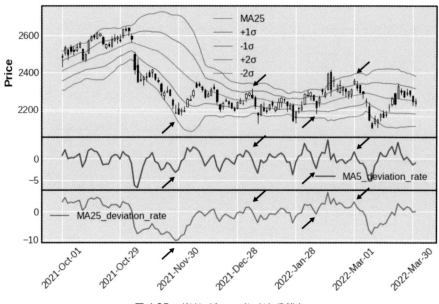

図 4.35　ボリンジャーバンドと乖離率

● まとめ

　本章では，株価のテクニカル分析の第一歩として，TA-Lib を利用してテクニカル指標の算出と可視化を行いました．テクニカル分析においては，先人の知恵によってさまざまなテクニカル指標が考案されています．そして，そのほとんどを Python で利用できます．

　具体的には，「テクニカル分析の理論的な理解」→「テクニカル指標の算出」→「可視化して確認」という一連の作業を Google Colaboratory のみで比較的短時間で行うことができます．本章で紹介した手法は，この作業の基本的なものです．株価分析を進めるにあたって，最終的にはこの一連の作業を自力で行えることを目指してください．

5 株価のトレンド転換

この章の目標　トレンドが転換するときの株価の動きを分析してみましょう.

5.1 株価の上昇と下降

　株価分析においては，上昇する／下降する／上昇と下降が入れ替わる，などの株価の動きを読み取ることが重要です．これらについて，移動平均線を通して考えてみましょう.

5.1.1 移動平均線が重視される理由

　あらためて確認すると，5 日移動平均線は 1 週間の株価の終値の平均です．5 日移動平均線が右肩上がりに上がっているということは，毎日，前日までの 1 週間の平均より上の値段で株が買われているということを意味します（図 5.1）．平均より高い値段で買われるため，多くの場合，ローソク足も移動平均線よりも上に位置します．高い値段でも株を買う人が多いことと同じなので，株の人気も高いといえます.

　逆に，5 日移動平均線が右肩下がりの場合は，平均より低い値段でしか買う人がいないということを意味します（図 5.2）．平均より安い値段で買われるため，大概，ローソク足も移動平均線よりも下に位置します．この場合は，安くないと買われない株なので人気は低いといえます.

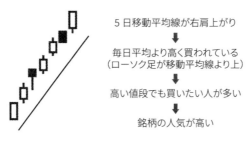

図 5.1　5 日移動平均線が右肩上がり

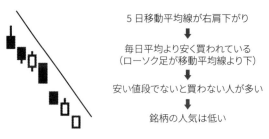

図 5.2　5 日移動平均線が右肩下がり

　株価は売り注文と買い注文の合意で決まることに注目して整理したのが，以下です．

・株価が高いときに買われている → 高い値段でも買う人が多い → 高くても買われる
　→ 銘柄の人気は高い
・株価が安いときに買われている → 安い値段なら買う人が多い → 安くならないと買わ
　れない → 銘柄の人気は低い

　移動平均線は，上記のように銘柄の買われ具合から注目度や評価を視覚化したものだ
といえます．移動平均線がチャートの中で重視されるのはこのような理由からです．

5.1.2 上昇と下降のタイミング

　チャートを見ていると，株価が上昇するときには，多くの場合，5 日移動平均線が
25 日移動平均線を下から上へ追い抜いています．図 5.3 の丸のような部分です．
　5 日移動平均は 1 週間の終値の平均，25 日移動平均は 1ヶ月の終値の平均です．移動

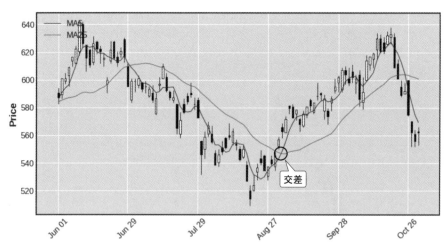

図 5.3　5 日移動平均線の 25 日移動平均の交差

平均を銘柄が市場でどれくらい評価されているかの度合いと考えると，最近1ヶ月の評価よりも最近1週間の評価のほうが高くなっていると考えることができます．つまり，1ヶ月前までさかのぼった期間の評価よりも，1週間という最近の期間のほうが評価が高いといえます（図5.4）．

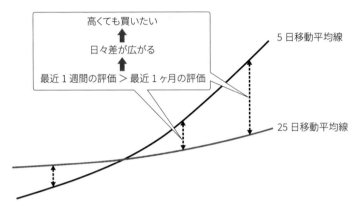

図5.4 5日移動平均線が25日移動平均線を下から上へ追い抜く

　5日移動平均線が25日移動平均線を下から上へ追い抜き，2本の線の差が広がっていく場合は，直近の評価が日々上がっています．いいかえると，「株価が高くても買いたい」と考える人が増えている相場です．

　逆に，5日移動平均線が25日移動平均線を上から下に追い抜く場合は，最近1ヶ月の評価よりも最近1週間の評価のほうが低くなっているため，株価も下落傾向にあります（図5.5）．

　この場合は，直近の評価が日々下がっていることを表しているので，「安くならない

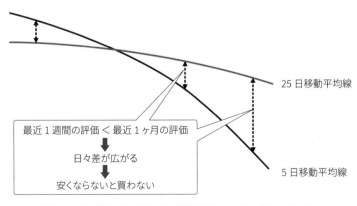

図5.5 5日移動平均線が25日移動平均線を上から下へ追い抜く

と買わない」と考える人が多い相場です.

5日移動平均線と25日移動平均線のように期間の異なる2本の移動平均線を利用する場合には,期間の短いほうを**短期線**,期間の長いほうを**長期線**とよびます.短期と長期は具体的な期間ではなく,2本の線の比較としての意味です.

短期線が長期線を下から上に交差して追い抜くことを**ゴールデンクロス**,短期線が長期線を上から下に交差して追い抜くことを**デッドクロス**といいます(図5.6).

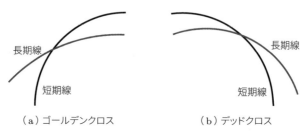

（a）ゴールデンクロス　　　　　　（b）デッドクロス

図5.6　ゴールデンクロスとデッドクロス

ゴールデンクロスは株価が上昇する前兆,デッドクロスは株価が下降する前兆です.株価のテクニカル分析においては,2本の線が交差する角度が大きいほど,交差以降の上昇／下降の度合いが大きいといわれています.

5.1.3 ゴールデンクロスとデッドクロスの見方

ゴールデンクロスとデッドクロス,およびそのときに見るポイントについて例をあげながら説明します.チャートを表示するサンプルは,銘柄コードと期間以外は同じものを利用できるので,最初の例のみサンプルコードを記載します.

[短期線と長期線の向き]

コニカミノルタ (4902) の 2021 年 6 月 ～ 2021 年 10 月のチャートでゴールデンクロスを確認してみます(図5.7).

[リスト 5.1] コニカミノルタ (4902) のチャート（Ch5_1.ipynb 抜粋）

```python
import mplfinance as mpf
import datetime as dt
import talib as ta

df = get_stock_data(4902)  # コニカミノルタ
close = df["Close"]
```

```
df['ma5'] = ta.SMA(close, timeperiod=5)
df['ma25'] = ta.SMA(close, timeperiod=25)

rdf = df[dt.datetime(2021,6,1):dt.datetime(2021,10,31)]

apd  = [
            # 5日移動平均線
            mpf.make_addplot(rdf['ma5'], color='blue', panel=0, width=0.7),
            # 25日移動平均線
            mpf.make_addplot(rdf['ma25'], color='green', panel=0, width=0.7)
        ]

fig, axes = mpf.plot(rdf, type="candle", figratio=(2,1),
                addplot=apd, returnfig=True)
axes[0].legend(["MA5", "MA25"])
fig.show()
```

図 5.7　コニカミノルタの 2021 年 6 月 〜 2021 年 10 月のチャート

　ゴールデンクロスした時点，もしくはその前の段階で短期線と長期線が右肩上がりで
あることを確認してください．前節で説明したとおり，移動平均線の向きは相場の評価
で決まります．短期で見ても長期で見ても高く評価されているため，ゴールデンクロス
の後も右肩上がりの上昇傾向が続きます．

［角度］

　移動平均線の向きに加えて，交差するときの角度も重要です．ファーマフーズ (2929)
の 2021 年 12 月 〜 2022 年 3 月のチャートで確認してみます（図 5.8）．

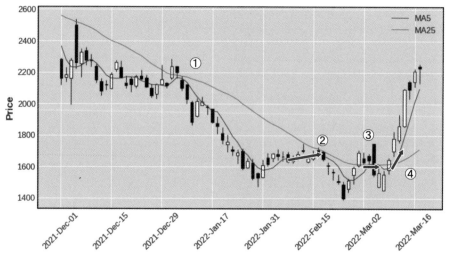

図 5.8 ファーマフーズの 2021 年 12 月 ～ 2022 年 3 月のチャート

①短期線と長期線の向きが違うため，ゴールデンクロスできませんでした．長期線から
わかるように，過去 1 ヶ月の評価がまだ低いので，短期線の評価が弾き返されていま
す．

②長期線も若干向きが変わりつつあり，横ばいからの脱却に見えますが，短期線の角度
が緩やかであり，ここでも上昇を続けることができずにゴールデンクロスには至りま
せんでした．

③ここではゴールデンクロスしたように見えますが，短期線の角度が水平に近く，右肩
上がりの上昇を続けることができませんでした．

④この時点で右肩上がりの角度をつけて短期線が長期線を追い抜いて，ゴールデンクロ
スすることができました．

このように，ゴールデンクロスするときの短期線の角度にも気をつけてください．

デッドクロスの場合も同じ現象が見られます．ダブルインバース (1357) の 2021 年
11 月～2022 年 3 月のチャートを見てみます（図 5.9）．①の部分で，デッドクロス寸前
となりますが，短期線の角度が緩く，長期線を下回ることができませんでした．

短期線の角度は，株価の上昇や下降がどれくらい勢いよく行われたか，という度合い
ともいえます．水平や緩やかよりも，角度がついているほうがゴールデンクロス／デッ
ドクロスしやすいといえます．

以上のことをまとめて，ゴールデンクロスの理想的な例を図 5.10 にあげます．東京
電力ホールディングス (9501) の 2021 年 11 月 ～ 2022 年 3 月のチャートです．

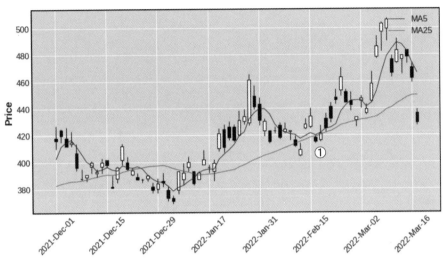

図 5.9　ダブルインバースの 2021 年 11 月 ~ 2022 年 3 月のチャート

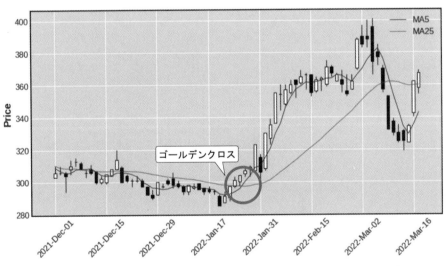

図 5.10　東京電力ホールディングスの 2021 年 11 月 ~ 2022 年 3 月のチャート

ゴールデンクロスの部分を図5.11のように拡大すると，次のことがいえます．

①短期線と長期線が同じ向き

短期線と長期線がともに右上がりで，短期で見ても長期で見ても銘柄の価値が上がっています．

②短期線と長期線に三角形ができる

短期線が角度を伴って上昇してきた場合，長期線と交差したときに2本の線の間に三角形ができ，このときの2本の線がなす角度が大きいほど上昇傾向が強いです．逆に，2本の線が重なるなど，線の間に三角形ができない場合は，トレンドが継続しにくいです．

③交差した時点でローソク足が短期線より上

ローソク足が短期線の上にあるほうが上昇傾向が安定して強いといえます．サンプルのように，長期線と交差する前からローソク足が短期線の上にあると，より上昇傾向が強いです．

図5.12のように同じチャートにボリンジャーバンドを表示してみると，ゴールデンクロスの後にバンドウォークが発生していることが確認できます．

ボリンジャーバンドでも強い上昇傾向が確認できました．移動平均線とボリンジャーバンドという種類の違うチャートでも同じ結果が出ていることを確認してください．

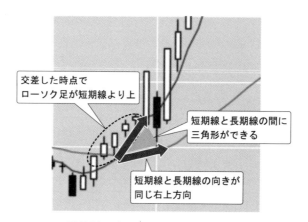

図 5.11　ゴールデンクロス付近の拡大

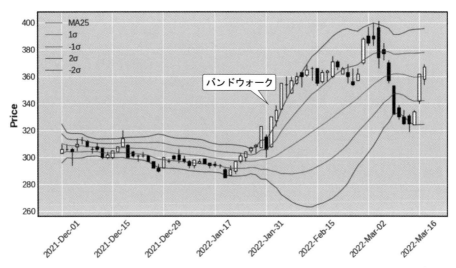

図 5.12 東京電力ホールディングスの 2021 年 11 月〜 2022 年 3 月のチャート

5.2 ゴールデンクロスとデッドクロスの算出と表示

　チャートで確認したゴールデンクロスとデッドクロスを，データとしてもつことを考えてみます．データとしてもつことができれば，チャートでの描画も簡単に行えます．

5.2.1 ゴールデンクロスとデッドクロスをデータでもつ手順

　Python のデータフレームを利用して，ゴールデンクロスとデッドクロスをデータでもつ手順を考えてみます．ゴールデンクロスとデッドクロスが発生する前後での移動平均の値，発生した日の移動平均の値を図示すると，図 5.13 のように考えられます．

　チャートがグラフである以上，ゴールデンクロスとデッドクロスもグラフ上の点です．そのときに，どのような値をとるか，その値をデータフレームで考えるとどうなるかを整理すると，次の手順が考えられます．

①5 日移動平均と 25 日移動平均の値を比較して，結果を正負で得る．
②比較した結果の正負が入れ替わった日が，ゴールデンクロスかデッドクロスの発生日．
③ゴールデンクロスの発生日に 5 日移動平均の値（高いほうの値），デッドクロスの発生日に 25 日移動平均の値（安いほうの値）を保存する．

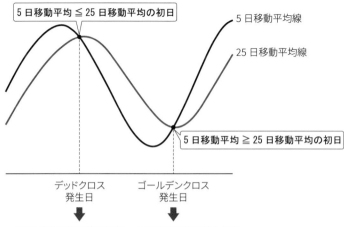

５日移動平均 ≦ ２５日移動平均の初日

５日移動平均線

２５日移動平均線

５日移動平均 ≧ ２５日移動平均の初日

デッドクロス
発生日

ゴールデンクロス
発生日

２５日移動平均の値を保存　　５日移動平均の値を保存

図 5.13　ゴールデンクロスとデッドクロスの概要

　ゴールデンクロスとデッドクロスは，５日移動平均と２５日移動平均の値の大小が入れ替わった最初の日のデータです．このことを念頭に置いて，データフレームでゴールデンクロスとデッドクロスの値をもつように，上記の手順で処理を作成します．

5.2.2　5日移動平均と25日移動平均の値を比較する

　データフレームのカラムは，算術演算子を用いてカラムのすべての値に対して処理を行うことができます．このことを利用して，５日移動平均と２５日移動平均の値を比較した結果をカラムでもつ処理を作成します．具体的には，５日移動平均と２５日移動平均を比較して，５日移動平均 > ２５日移動平均なら True，５日移動平均 ≦ ２５日移動平均なら False というシリーズを作成します．

　サンプルでは，日本製鉄 (5401) の株価データを利用します．

[リスト 5.2]　5日移動平均と 25日移動平均を比較（Ch5_2.ipynb 抜粋）

```
df = get_stock_data(5401)    # 日本製鉄
close = df["Close"]

df['ma5'] = ta.SMA(close, timeperiod=5)
df['ma25'] = ta.SMA(close, timeperiod=25)

cross  = df["ma5"] > df["ma25"]   # 5日移動平均と 25日移動平均の比較
df["cross"] = cross
df
```

Date	Open	High	Low	Close	Volume	ma5	ma25	cross
2017-03-22	2321.84	2340.70	2294.90	2316.01	4456927	NaN	NaN	False
2017-03-23	2338.00	2348.80	2306.57	2321.39	3349042	NaN	NaN	False
2017-03-24	2320.04	2351.49	2307.03	2336.20	3499342	NaN	NaN	False
2017-03-27	2298.94	2308.37	2284.56	2293.55	3272220	NaN	NaN	False
2017-03-28	2316.01	2333.97	2305.69	2317.79	3618692	2316.988	NaN	False
...	...	...	...	...	...	...	...	...
2022-03-11	2053.50	2120.50	2052.50	2104.00	7639100	2049.400	2047.76	True
2022-03-14	2112.00	2158.00	2096.00	2139.00	6471000	2055.100	2057.02	False
2022-03-15	2110.00	2120.00	2072.50	2084.00	7511900	2077.400	2062.86	True
2022-03-16	2110.00	2152.00	2095.50	2152.00	10261000	2110.100	2070.26	True
2022-03-17	2157.00	2164.00	2118.50	2139.00	9795400	2123.600	2075.44	True

1217 rows × 8 columns

図 5.14　5 日移動平均と 25 日移動平均を比較した結果

TA-Lib の SMA メソッドで 5 日移動平均と 25 日移動平均を算出します．この 2 つのシリーズを比較して，その結果をカラム名 cross として株価のデータフレームに格納します．サンプルを実行すると，図 5.14 のように True と False のカラムができていることが確認できます．

株価データが日数に満たずに，移動平均が計算できない場合には，Numpy ライブラリの NaN (Not a Number) という非数が代入されます．NaN は，値が欠損しているという意味です．

NaN 同士，または NaN と変数を比較する場合は，結果は常に False になります．このため，5 日移動平均，25 日移動平均のカラムに NaN が存在する場合は，カラム cross の値には False が入ります．

次項からは，ここで作成したカラムをもとに処理を進めます．

5.2.3 ゴールデンクロスとデッドクロスの発生日を検出する

前項で作成したカラム「cross」をあらためて見てみましょう．連続する True の最初がゴールデンクロスが起こった日で，連続する False の最初がデッドクロスが起こった日です（図 5.15）．

作成したカラムをもとに，次項以降の処理を行います．

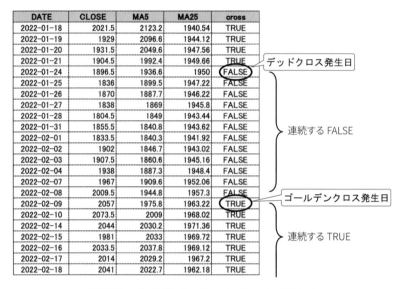

DATE	CLOSE	MA5	MA25	cross
2022-01-18	2021.5	2123.2	1940.54	TRUE
2022-01-19	1929	2096.6	1944.12	TRUE
2022-01-20	1931.5	2049.6	1947.56	TRUE
2022-01-21	1904.5	1992.4	1949.66	TRUE
2022-01-24	1896.5	1936.6	1950	FALSE
2022-01-25	1836	1899.5	1947.22	FALSE
2022-01-26	1870	1887.7	1946.22	FALSE
2022-01-27	1838	1869	1945.8	FALSE
2022-01-28	1804.5	1849	1943.44	FALSE
2022-01-31	1855.5	1840.8	1943.62	FALSE
2022-02-01	1833.5	1840.3	1941.92	FALSE
2022-02-02	1902	1846.7	1943.02	FALSE
2022-02-03	1907.5	1860.6	1945.16	FALSE
2022-02-04	1938	1887.3	1948.4	FALSE
2022-02-07	1967	1909.6	1952.06	FALSE
2022-02-08	2009.5	1944.8	1957.3	FALSE
2022-02-09	2057	1975.8	1963.22	TRUE
2022-02-10	2073.5	2009	1968.02	TRUE
2022-02-14	2044	2030.2	1971.36	TRUE
2022-02-15	1981	2033	1969.72	TRUE
2022-02-16	2033.5	2037.8	1969.12	TRUE
2022-02-17	2014	2029.2	1967.2	TRUE
2022-02-18	2041	2022.7	1962.18	TRUE

図 5.15　ゴールデンクロスとデッドクロスの発生日

5.2.4 発生日と終値をデータフレームにもつ

　ゴールデンクロスとデッドクロスの発生日を検出する処理を考えます．ゴールデンク
ロスとデッドクロスの発生日は，それぞれ，連続する True の最初／連続する False の
最初です．連続したシリーズから最初のデータを検出するためには，cross カラムを 1
つずらしたシリーズを作成し，両者を比較して値が異なるものが最初のデータであると
考えられます．

　このイメージは図 5.16 のとおりです．

　シリーズを n 個ずらす処理は shift メソッドで行うことができます．shift メソッド
の構文は次のとおりです．

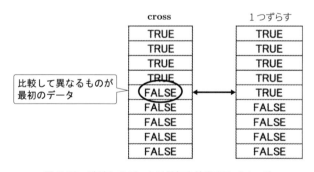

図 5.16　連続したデータの最初を検出するイメージ

[構文 5.3] shift メソッド

```
%n 個ずらしたシリーズ% = %元のシリーズ%.shift(%n%)
```

　値を n 個ずらしたシリーズは, shift メソッドの引数に n を指定して作成できます. cross カラムを 1 つずらしたシリーズを作成して 2 つのシリーズを比較することで, 値が違った日付の cross の値が True であればゴールデンクロスの発生日, False であればデッドクロスの発生日だと判断できます. この処理のイメージは, 図 5.17 のとおりです.

[リスト 5.4] ゴールデンクロスとデッドクロスの発生日の検出（Ch5_2.ipynb 抜粋）

```
cross_shift = cross.shift(1)

# ゴールデンクロスの発生日
temp_gc = (cross != cross_shift) & (cross == True)

# デッドクロスの発生日
temp_dc  = (cross != cross_shift) & (cross == False)
```

cross.shift(1) と比較　一時的なシリーズを作成

DATE	CLOSE	MA5	MA25	cross	shift(1)	temp_gc	temp_dc
2022-01-18	2021.5	2123.2	1940.54	TRUE	TRUE	FALSE	FALSE
2022-01-19	1929	2096.6	1944.12	TRUE	TRUE	FALSE	FALSE
2022-01-20	1931.5	2049.6	1947.56	TRUE	TRUE	FALSE	FALSE
2022-01-21	1904.5	1992.4	1949.68	TRUE	TRUE	FALSE	FALSE
2022-01-24	1896.5	1936.6	1950	FALSE	TRUE	FALSE	TRUE
2022-01-25	1836	1899.5	1947.22	FALSE	FALSE	FALSE	FALSE
2022-01-26	1870	1887.7	1946.22	FALSE	FALSE	FALSE	FALSE
2022-01-27	1838	1869	1945.8	FALSE	FALSE	FALSE	FALSE
2022-01-28	1804.5	1849	1943.44	FALSE	FALSE	FALSE	FALSE
2022-01-31	1855.5	1840.8	1943.62	FALSE	FALSE	FALSE	FALSE
2022-02-01	1833.5	1840.3	1941.92	FALSE	FALSE	FALSE	FALSE
2022-02-02	1902	1846.7	1943.02	FALSE	FALSE	FALSE	FALSE
2022-02-03	1907.5	1860.6	1945.16	FALSE	FALSE	FALSE	FALSE
2022-02-04	1938	1887.3	1948.4	FALSE	FALSE	FALSE	FALSE
2022-02-07	1967	1909.6	1952.06	FALSE	FALSE	FALSE	FALSE
2022-02-08	2009.5	1944.8	1957.3	FALSE	FALSE	FALSE	FALSE
2022-02-09	2057	1975.8	1963.22	TRUE	FALSE	TRUE	FALSE
2022-02-10	2073.5	2009	1968.02	TRUE	TRUE	FALSE	FALSE
2022-02-14	2044	2030.2	1971.36	TRUE	TRUE	FALSE	FALSE
2022-02-15	1981	2033	1969.72	TRUE	TRUE	FALSE	FALSE
2022-02-16	2033.5	2037.8	1969.12	TRUE	TRUE	FALSE	FALSE
2022-02-17	2014	2029.2	1967.2	TRUE	TRUE	FALSE	FALSE
2022-02-18	2041	2022.7	1962.18	TRUE	TRUE	FALSE	FALSE

図 5.17　ゴールデンクロスとデッドクロスの発生日の検出

　cross カラムの値 cross と 1 つずらしたシリーズ cross_shift を比較します. その値が True であればゴールデンクロスの発生日, False であればデッドクロスの発生日です. これらの処理は, それぞれ「&」でつなぐことで 1 行で記述することができます. 1 行で記述していますが, その内部では図のようにカラムの全部の値に対して処理を行うイメージです. Python のデータ処理では, for 文などのループする処理を利用せずに 1 行で全データでの処理を行うことができます.

5.2.5 発生日と移動平均をデータフレームにもつ

前項までで，ゴールデンクロスとデッドクロスの発生日をデータフレームのカラムにもつところまでできました．次は，ゴールデンクロスの発生日に5日移動平均の値，デッドクロスの発生日に25日移動平均の値のカラムを作成します．作成するカラムのイメージは，図5.18のとおりです．

図5.18　ゴールデンクロスとデッドクロスの発生日と移動平均

作成するカラムには，ゴールデンクロス／デッドクロスの発生日以外の値は不要なので，NaNを代入します．

ゴールデンクロスの発生日に5日移動平均の値，デッドクロスの発生日に25日移動平均の値のカラムを作成する処理は，次のように書くことができます．

[リスト5.5] 発生日と移動平均をデータフレームにもつ処理（Ch5_2.ipynb 抜粋）

```python
import numpy as np

# ゴールデンクロス発生日であればMA5の値，それ以外はNaN
gc = [m if g == True else np.nan for g, m in zip(temp_gc, df['ma5'])]

# デッドクロス発生日であればMA25の値，それ以外はNan
dc = [m if d == True else np.nan for d, m in zip(temp_dc, df['ma25'])]

# データフレームのカラムとして保存
df["gc"], df["dc"] = gc, dc
```

ゴールデンクロス発生日は，前項で作成した temp_gc カラムの値が True のもので
す．5日移動平均の値が格納されているシリーズは ma5 です．zip 関数 2 つのシリーズ
から値を取り出して，ゴールデンクロスの発生日に 5 日移動平均の値を格納するシリー
ズを作成しています．

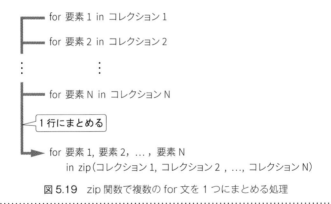

知っておきたい！Python 文法

　リストやタブルなどの複数の値を管理するオブジェクトを**コレクション**とよびます．Pandas ラ
イブラリで定義されているデータフレームやシリーズも，コレクションに基づいて設計されている
のでコレクションとして扱うことができます．
　Pyhon には，複数のコレクションから同じインデックスでまとめて値を取り出す **zip** という関
数があります．zip 関数の構文は次のとおりです．

[構文 5.6] zip 関数

```
for ％コレクション1の要素％，％コレクション2の要素％，...，
    ％コレクションNの要素％
    in zip(％コレクション1％，％コレクション2％，...，％コレクションN％)
```

　zip 関数を利用すると，次の図のように複数の for 文を 1 行でまとめて記述することができます
（図 5.19）．

for 要素 1 in コレクション 1

for 要素 2 in コレクション 2

⋮　　　　　　　⋮

for 要素 N in コレクション N

1 行にまとめる

for 要素 1，要素 2，… ，要素 N
　　 in zip(コレクション 1，コレクション 2 ，…，コレクション N)

図 5.19　zip 関数で複数の for 文を 1 つにまとめる処理

　複数の値からリストを定義するときには「[]（角かっこ）」で定義できます．このことを利用すると，for 文と「[]」を組み合わせて新しいリストを作成する処理は，次のように 1 行で書くことができます．

[構文 5.7] リスト内包表記

```
% 新しいリスト % = [% 各要素に対する処理 %　for % 文 %]
```

　このように処理を記述することを**リスト内包表記**，または単に**内包表記**といいます．よく利用される for 文の処理と比較すると，for 文と for 文以下の処理を逆に記述するイメージです（図 5.20）．

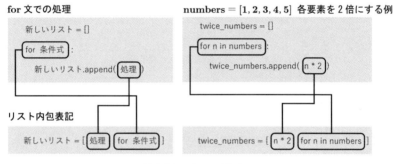

図 5.20　リスト内包表記

　リスト内包表記は for の処理を 1 行で記述できるため，プログラムコードを簡潔にすることができます．サンプルは Ch5_2.ipynb に収めているので，確認しておいてください．

　デッドクロスの発生日に 25 日移動平均の値のシリーズを作成する処理も同様に，zip 関数とリスト内包表記を利用して作成しています．

　処理の最後に，作成したリストを「gc」「dc」のカラム名で株価のデータフレームに格納します．

　作成したリストは，株価のデータフレームと同じ長さなので過不足なくデータフレームに収めることができます．次のようにして処理の結果を確認すると，ゴールデンクロスの発生日にそれぞれ 5 日移動平均，デッドクロスの発生日に 25 日移動平均の値が格納されていることがわかります（図 5.21）．

[リスト 5.8] ゴールデンクロスとデッドクロスの発生日と値の確認（Ch5_2.ipynb 抜粋）

```
# 確認
df
```

	Open	High	Low	Close	Volume	ma5	ma25	cross	gc	dc
Date										
2017-03-22	2321.84	2340.70	2294.90	2316.01	4456927	NaN	NaN	False	NaN	NaN
2017-03-23	2338.00	2348.80	2306.57	2321.39	3349042	NaN	NaN	False	NaN	NaN
2017-03-24	2320.04	2351.49	2307.03	2336.20	3499342	NaN	NaN	False	NaN	NaN
2017-03-27	2298.94	2308.37	2284.56	2293.55	3272220	NaN	NaN	False	NaN	NaN
2017-03-28	2316.01	2333.97	2305.69	2317.79	3618692	2316.988	NaN	False	NaN	NaN
...	...	...	...	...	...	...	...	...	...	...
2022-03-11	2053.50	2120.50	2052.50	2104.00	7639100	2049.400	2047.76	True	NaN	NaN
2022-03-14	2112.00	2158.00	2096.00	2139.00	6471000	2055.100	2057.02	False	NaN	2057.02
2022-03-15	2110.00	2120.00	2072.50	2084.00	7511900	2077.400	2062.86	True	2077.4	NaN
2022-03-16	2110.00	2152.00	2095.50	2152.00	10261000	2110.100	2070.26	True	NaN	NaN
2022-03-17	2157.00	2164.00	2118.50	2139.00	9795400	2123.600	2075.44	True	NaN	NaN

1217 rows × 10 columns

図 5.21　ゴールデンクロスとデッドクロスの発生日と値の確認

　ここまでの処理で，ゴールデンクロスとデッドクロスの発生日と該当する値をデータフレームでもつことができました．

5.2.6　ゴールデンクロスとデッドクロスをチャートに表示する

　前項までで作成した，ゴールデンクロスとデッドクロスの発生日と該当する値をチャートに表示します．ゴールデンクロスとデッドクロスは，移動平均線の上に**マーカー**という点で表示します．チャートにマーカーを表示する場合は，次のように make_addplot メソッドの引数 type の値を「scatter」に指定します．

[構文 5.9] make_addplot メソッド

```
%mplfinance オブジェクト %.make_addplot(% シリーズ %,
    type="scatter", markersize=% マーカーのサイズ %,
    marker=% マーカーの形状 %, color=% マーカーの色 %)
```

　マーカーの形状はアルファベットや記号 1 文字で指定します．よく利用されるマーカーには表 5.1 のものがあります．

　マーカーのサイズに関しては，公式ドキュメントでも表示の目安や単位について言及されていません．実際にチャートを表示させて調整してください．

表 5.1　よく利用されるマーカー

値	形状
o	●
s	■
v	▼
>	▶
<	◀

　日本製鉄 (5401) の 2021 年 12 月 ～ 2022 年 3 月のチャートでゴールデンクロスとデッドクロスを表示すると，次のようになります（図 5.22）．ゴールデンクロスは赤，デッドクロスは灰色の丸で表示します．

[リスト 5.10] ゴールデンクロスとデッドクロスの表示（Ch5_2.ipynb 抜粋）

```python
import mplfinance as mpf
import datetime as dt

rdf = df[dt.datetime(2021,12,1):dt.datetime(2022,3,31)]

apd  = [
            # 5 日移動平均線
            mpf.make_addplot(rdf['ma5'], color="blue", panel=0, width=0.7),
            # 25 日移動平均線
            mpf.make_addplot(rdf['ma25'], color="green", panel=0, width=0.7),
            mpf.make_addplot(rdf["gc"], type="scatter",
                markersize=200, marker="o", color="red"),
            mpf.make_addplot(rdf["dc"], type="scatter",
                markersize=200, marker="o", color="gray")
        ]

fig, axes = mpf.plot(rdf, type="candle", figratio=(2,1),
                    addplot=apd, returnfig=True)
axes[0].legend(["MA5", "MA25"])
fig.show()
```

　グラフなので交差するポイントから少しずれることもありますが，5 日移動平均線と 25 日移動平均線が交差する部分に丸が表示されていることがわかります．

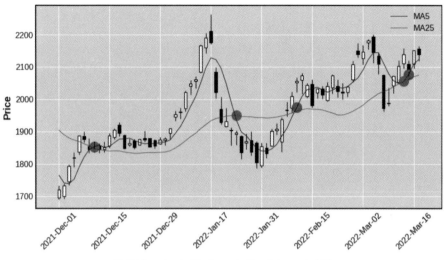

図 5.22　ゴールデンクロスとデッドクロスの表示

売買シグナルの検出

　移動平均線のゴールデンクロスとデッドクロスのほかに，売買シグナルを検出する代表的なテクニカル指標に MACD があります．ここでは MACD を使った売買シグナルの検出について学びましょう．

5.3.1 売買シグナルを検出する MACD

　これまでに，移動平均線のゴールデンクロスとデッドクロスのタイミングで売買シグナルを検出する方法を学びました．ゴールデンクロスとデッドクロスの算出は，移動平均の日数を指定して 2 つの線が交差するタイミングを算出するという若干手間のかかるものでした．

　この売買シグナルの検出をもう少し汎用的にしたテクニカル指標に MACD（Moving Average Convergence Divergence：移動平均収束拡散手法）があります（図 5.23）．

　この指標は，1970 年代後半に米国シグナラート・コーポレーション社の経営者ジェラルド・アペル氏によって考案されました．

　MACD は，移動平均線で判断できる売買シグナルの検出の精度を上げたものです．MACD では，移動平均は単純移動平均ではなく，直近の価格になるほど比重をおいて計算する**平滑移動平均**（EMA：Exponential Moving Average）を用いて売買シグナルを算出します．平滑移動平均を用いることで，直近の値動きへの反応が早くなるとい

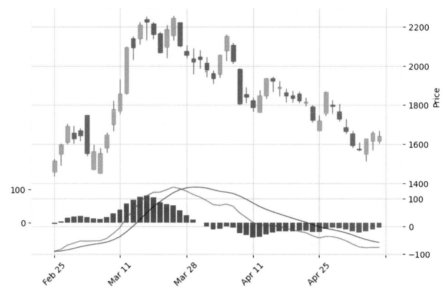

図 5.23　MACD（図 4.10 再掲）

う特徴をもちます.

　MACD は表 5.2 に示す 3 つの要素で構成されます.

表 5.2　MACD の構成要素

MACD	短期／長期の平滑移動平均の差
シグナル	MACD の平滑移動平均
ヒストグラム	MACD とシグナルの差

　テクニカル指標の名称である MACD と同じ名前の構成要素があることに気をつけてください. チャート上では, MACD とシグナルは折れ線グラフで表示し, ヒストグラムは棒グラフで表示します. ヒストグラムは MACD ラインとシグナルラインの乖離なので, 2 本の線の差を可視化したものです. MACD とシグナルの 2 本の線があればその差もわかるので, チャートでは省略されることも多いです. 棒グラフが省略される場合は, MACD とシグナルの 2 本の線で相場のトレンドを判断します.

注意

MACDの構成要素の名前であるシグナルは，一般的に「知らせ」という意味で使うシグナルとは別のものです．MACDをチャートに表示するときにはシグナルという単語も本文中に出てくるので，一般的なシグナルという意味ではないことに気をつけてください．

5.3.2 MACDの算出

MACDはTA-LibのMACDメソッドで構成要素をまとめて計算することができます．MACDメソッドの構文は次のとおりです．

[構文5.11] MACDメソッド

```
%MACD%, %シグナル%, %ヒストグラム% = %TA-Libオブジェクト%.MACD(
    %終値のシリーズ%, fastperiod=短期日数, slowperiod=長期日数,
    signalperiod=シグナル日数)
```

MACDメソッドの戻り値は，MACD，シグナル，ヒストグラムのタプル型です．

終値のシリーズ以外のMACDメソッドの引数は，終値のシリーズ，MACDを求める際の平滑移動平均の短期日数(fastperiod)と長期日数(slowperiod)，シグナルを求める際の平滑移動平均の日数(signalperiod)の3つです．

本書のサンプルで用いる各パラメータの値はすべて，MACDを考案したジェラルド・アペル氏が推奨する表5.3の値を利用します．

表5.3　トレンド系

パラメータ	値
短期日数	12
長期日数	26
シグナル日数	9

補足

本書では，各テクニカル指標を計算する際のパラメータは，一般的によく利用されている値を1つだけ選んで用いています．パラメータは1つの例として考えてください．

5.3.3 MACDの表示

積水ハウス(1928)のチャートに移動平均線とMACDを表示してみます．

[リスト 5.12] MACD のチャート（Ch5_3.ipynb 抜粋）

```
df = get_stock_data(1928)    # 積水ハウス
close = df["Close"]

# 移動平均
df['ma5'] = ta.SMA(close, timeperiod=5)
df['ma25'] = ta.SMA(close, timeperiod=25)

# MACD, シグナル, ヒストグラムを算出
macd, macdsignal, hist = ta.MACD(close, fastperiod=12, slowperiod=26,
                                 signalperiod=9)
df['macd'] = macd
df['macd_signal'] = macdsignal
df['hist'] = hist

# 2021.11.1 から 2022.3.31 までのチャートを作成
rdf = df[dt.datetime(2021,11,1):]

apd  = [
    # 5 日移動平均線
    mpf.make_addplot(rdf['ma5'], color='blue',
                              panel=0, width=0.7),
    # 25 日移動平均線
    mpf.make_addplot(rdf['ma25'], color='green',
                              panel=0, width=0.7),
    # MACD
    mpf.make_addplot(rdf['macd'], panel=1,
                              width=0.7, color='red'),
    # シグナル
    mpf.make_addplot(rdf['macd_signal'], panel=1,
                              width=0.7, color='blue'),
    # ヒストグラム
    mpf.make_addplot(rdf['hist'], panel=2, type='bar')
]

fig, axes = mpf.plot(rdf, type="candle", figratio=(5,4),
              addplot=apd, returnfig=True)
axes[2].legend(["MACD", "SIGNAL"])
fig.show()
axes[0].legend(["MA5", "MA25"])
```

　TA-Lib の MACD メソッドで MACD，シグナル，ヒストグラムを計算して，その結果をフレームワークのカラムに格納します．その後，2021 年 11 月から現在までのデータをチャートに表示します．その際に，MACD とシグナルを 1 番地のパネルに，ヒストグラムを棒グラフで 2 番地のパネルに表示します．

　サンプルを実行すると，図 5.24 のチャートが描画されます．

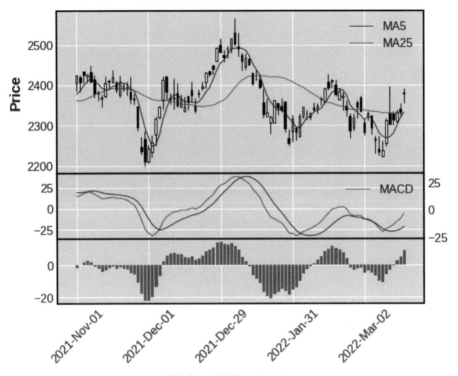

図5.24　MACDのチャート

　1番地のパネルでは，スペースの関係上「SIGNAL」のラベルは表示されていません．MACDとシグナルの関係は，移動平均線の短期線と長期線のように考えてください．MACDとシグナルがゴールデンクロスするときが上昇トレンドの始まりで，デッドクロスするときが下降トレンドの始まりです．

　MACDのゴールデンクロスとデッドクロスのほうが，移動平均線のゴールデンクロスとデッドクロスよりも早くトレンドの転換を掴んでいることがわかります．相場の転換を判断するには，MACDのほうがより早いといえます．

　MACDのゴールデンクロスとデッドクロスの形状は，移動平均線と同様に，交差した後に角度が大きくつくほうが確実です．

5.3.4 MACD の見方

　MACDと移動平均線は見方が似ています．MACDとシグナルの2本の線から次のことがわかります（図5.25）．

① MACD が右肩上がりでシグナルの上にある場合は上昇トレンド

② MACD が右肩下がりでシグナルの下にある場合は下降トレンド

③ MACD がゴールデンクロスした場合，相場は上昇トレンドへ転換する

④ MACD がデッドデクロスした場合，相場は下降トレンドへ転換する

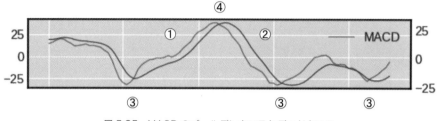

図 5.25　MACD のゴールデンクロスとデッドクロス

　MACD のチャートを描画すると，縦軸の中央には値が 0 の **0 ライン**が表示されます．この 0 ラインを基準に MACD の動きを考えてみます．0 ラインより上をプラス圏，0 ラインより下をマイナス圏とよびます（図 5.26）．

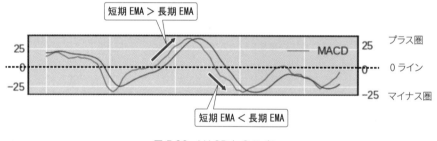

図 5.26　MACD と 0 ライン

　MACD は短期の平滑移動平均と長期の移動平均の差なので，次の式で表現できます．

　　MACD = 短期 EMA − 長期 EMA

　つまり，MACD がプラス圏に位置する場合は，短期 EMA ＞ 長期 EMA なので，直近の評価が上がっていると判断できます．逆に，MACD がマイナス圏にある場合は，短期 EMA ＜ 長期 EMA なので直近の評価は下がっていると判断できます．

　線の向きと合わせて考えると，次のことがいえます．

・MACD がマイナス圏からプラス圏に転じる → 強い上昇

・MACD がプラス圏からマイナス圏に転じる → 強い下落

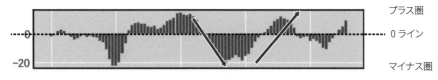

図 5.27 ヒストグラムと 0 ライン

このように MACD では，ゴールデンクロスやデッドクロス以外の見方もできることを覚えておいてください．

ヒストグラムにおいても，0 ラインをベースに考えることができます（図 5.27）．

ヒストグラムは MACD とシグナルの乖離なので，棒グラフが長いほど乖離が大きいと判断できます．プラス圏でもマイナス圏でも，棒グラフが 0 に近づきつつあるときは，乖離が小さくなりつつあるので，MACD とシグナルの交差が近くなっていると判断できます．

つまり，ヒストグラムの値が 0 になると，トレンドが転換するといえます．整理すると，次のことがいえます．

・ヒストグラムがマイナス圏からプラス圏に転じる → 強い上昇
・ヒストグラムがプラス圏からマイナス圏に転じる → 強い下落

ヒストグラムは棒グラフなので，MACD とシグナルの 2 本の線で見るよりもシグナルがわかりやすいです．MACD，ヒストグラムともに 0 ラインを基準に同じ見方ができます．ですが，この場合はトレンドの転換点ではありません．トレンドの転換は 0 ラインを通過する前に起こっているので，0 ラインを越えるとトレンドが継続する強い傾向が続くものだと考えてください．

5.3.5 ボリンジャーバンド，移動平均線，MACD からの考察

積水ハウス (1928) のチャートに，ボリジャーバンドとゴールデンクロス，デッドクロスを追記してみます．MACD，シグナル，ヒストグラムは同一のパネルに表示します．

[リスト 5.13] ボリンジャーバンドと MACD のチャート（Ch5_3.ipynb 抜粋）

```
df = get_stock_data(1928)    # 積水ハウス
close = df["Close"]

# 中略

apd  = [
    # 25 日移動平均線
    mpf.make_addplot(rdf['ma25'], color='green',
        panel=0, width=0.7),
```

```
    # ゴールデンクロス
    mpf.make_addplot(rdf["gc"],type='scatter',
        markersize=70,marker='o',color='red'),
    # デッドクロス
    mpf.make_addplot(rdf["dc"],type='scatter',
        markersize=70,marker='o',color='gray'),
    # 1 σ
    mpf.make_addplot(rdf['upper1'], panel=0,
        color='red', width=0.7),
    # -1 σ
    mpf.make_addplot(rdf['lower1'], panel=0,
        color='red', width=0.7),
    # 2 σ
    mpf.make_addplot(rdf['upper2'], panel=0,
        color='purple', width=0.7),
    # -2 σ
    mpf.make_addplot(rdf['lower2'], panel=0,
        color='purple', width=0.7),
    # MACD
    mpf.make_addplot(rdf['macd'], panel=1,
        color='red', width=0.7),
    # シグナル
    mpf.make_addplot(rdf['macd_signal'], panel=1,
        color='blue', width=0.7),
    # ヒストグラム
    mpf.make_addplot(rdf['hist'], panel=1, type='bar')
]

fig, axes = mpf.plot(rdf, type="candle", figratio=(5,4),
                addplot=apd, returnfig=True)
axes[0].legend(["MA25", "1σ", "-1σ", "2σ", "-2σ"])
axes[2].legend(["MACD", "SIGNAL"])
fig.show()
```

　これまでのサンプルと同様に，算出した各項目を addplot プロパティでパネルに表示します．サンプルを実行すると，図 5.28 のチャートが描画されます．まずは MACD がゴールデンクロス／デッドクロスする付近に注目して見てみます．

　MACD がゴールデンクロスまたはデッドクロスする際には，それぞれローソク足が 2σ または −2σ を越える付近であることがわかります（①〜④）．これらは，ボリンジャーバンドがそれまでと向きを変える付近ともいえます．ボリンジャーバンドの 2σ ／ −2σ がそれまでと向きを変えるときは，株価の変動幅が上限に達し，ここからさらに上昇も下落もしないという状態です．MACD のゴールデンクロス／デッドクロスの位置は，ボリンジャーバンドの最大／最小の値の位置とほぼ等しいといえます．ボリンジャーバンドの 2σ ／ −2σ の向きと MACD のゴールデンクロス／デッドクロスを同時

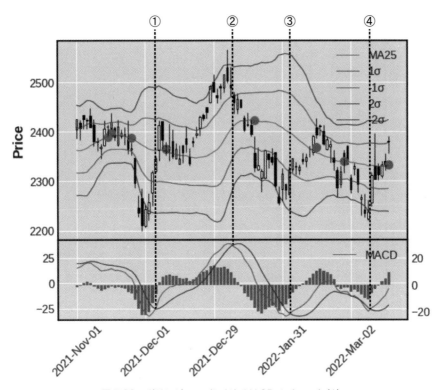

図 5.28　ボリンジャーバンドと MACD のチャート（1）

に参照することで，株価のトレンド転換がより確実に判断できます．

　次に，移動平均線がゴールデンクロス／デッドクロスする付近に注目して，図 5.29
のチャートを見てみます．

　移動平均線のゴールデンクロス／デッドクロスは，MACD の 0 ラインの交差ともほ
ぼ一致します（⑤ ～ ⑨）．このときは，ローソク足が 25 日移動平均線を横切っています．
5.1.1 項で説明したとおり，ローソク足が移動平均線の上下どちらにあるかで株価の動
きの見通しがつきます．ローソク足が 25 日移動平均線を横切ることで，株価の上昇／
下落の傾向もあらためて確認できます．トレンドの傾向に勢いがつく点も，MACD で
検出できることがわかります．

　mplfinance を利用すると複数のテクニカル指標を表示でき，チャートによる株価の
動きの考察が比較的容易になります．読者の皆さんも，さまざまなパターンのチャート
を作成し，自分のわかりやすいテクニカル指標の組み合わせを確認してみてください．

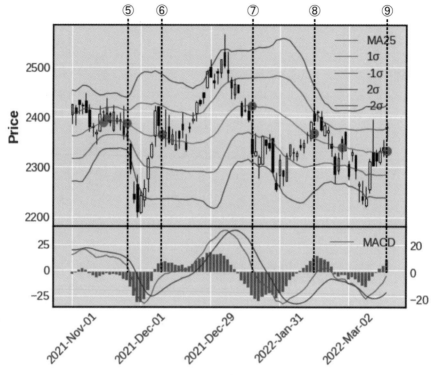

図 5.29　ボリンジャーバンドと MACD のチャート(2)

まとめ

　本章では，複数の移動平均線と移動平均をベースにしたテクニカル指標 MACD を利用して，株価の動きを考察しました．移動平均線，MACD，ボリンジャーバンドのチャートを並べることで，売買シグナルをわかりやすく表示できます．また，移動平均線のゴールデンクロスとデッドクロスもチャート上にマーカーでわかりやすく表示することができます．個別に計算したデータはバラバラですが，1 つのチャートにまとめて表示することで，それぞれのデータ同士の繋がりや意味がわかります．このような可視化による分析手法をぜひ身につけてください．

6 株価のトレンド分析

6.1 相場の強弱

相場には過熱度を表す強弱という考え方があります. ここでは過熱度から株価の動きを見てみましょう.

6.1.1 相場の強弱とは

前章までは, おもに移動平均線をベースに相場のトレンドが転換する点について説明しました.

トレンドが転換して株価が上昇に転じる場合は, 相場に買い注文が増加しているといえます. 一方, 株価が下落に転じる場合は, 相場に売り注文が増加しています. 株価は買い注文と売り注文が合意したところで決まるので, 株価が上がるときは買い注文が売り注文を上回っている, 株価が下がるときは売り注文が買い注文を上回っているといえます.

「買い > 売り」である状態を相場が強い, 「買い < 売り」である状態を相場が弱いといい, 相場を強弱で見るという方法があります. この点に関してチャートでの例をあげながら説明します.

株価の上昇／下降よりも, 相場の強弱を見たい場合は, ローソク足に注目するとわかりやすいです. ファーマフーズ (2929) の 2021 年 12 月 〜 2022 年 3 月のチャートを例にあげます (図 6.1).

```
import mplfinance as mpf
import datetime as dt
import talib as ta

df = get_stock_data(2929)   # ファーマフーズ
rdf = df[dt.datetime(2021,12,1):dt.datetime(2022,3,31)]
mpf.plot(rdf, type="candle", figratio=(2,1))
```

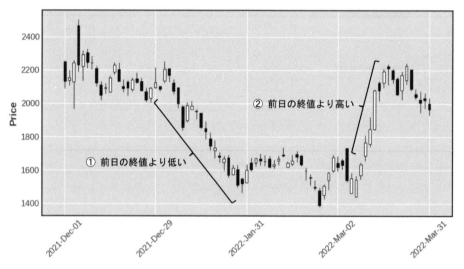

図 6.1　ファーマフーズの 2021 年 12 月 ～ 2022 年 3 月のチャート

　前日よりも低い終値のローソク足が並んでいる場合は，毎日終値が下がっているので相場は弱いと判断できます（①）．逆に，前日よりも高い終値のローソク足が並んでいる場合は，毎日終値が上がっているので，相場は強いと判断できます（②）．

　移動平均で差を考えるより，ローソク足で 1 日単位の終値を比べるほうがわかりやすいことも多いです．

　このような場合に，その強弱がどれくらいなのか，いつまで続くかなどの視点で相場を見て，トレンドや売買のタイミングを判断する方法もあります．次項以降，具体的な方法を説明していきます．

6.1.2 売られすぎと買われすぎ

　相場の強弱は，別の見方をすると過熱度ともいえます．相場の過熱度とは，株が「売られすぎている」「買われすぎている」という相場の状態のことです．相場の過熱度を

考えるときには、「売られすぎている」のか「買われすぎている」のかという過熱の方向だけでなく、過熱の度合いがどのくらいで、いつごろ終わりそうなのかまで考慮します。過熱という言葉どおり「熱すぎる」状態なので、いつかは適性な度合いに戻る、つまり、時間が経過すると反対の方向に株価が動くということを前提にしていることを忘れないでください。

「売られすぎている」「買われすぎている」「反対の方向に動く」と急にいわれてもイメージしにくいと思うので、株価データからすぐに算出できる5日移動平均と終値の乖離率で考えてみます。

2021年のトヨタ自動車（7203）の5日移動平均と乖離率のチャートは次のとおりです（図6.2）。

[リスト6.2] トヨタ自動車 (7203) のチャート（Ch6_1.ipynb 抜粋）

```
df = get_stock_data(7203)  # トヨタ自動車
close = df["Close"]

# 5日移動平
df['ma5'] = ta.SMA(close ,timeperiod=5)

# 乖離率
df['ma5_deviation_rate'] = (close - df['ma5']) / df['ma5'] * 100

rdf = df[dt.datetime(2021,1,1):dt.datetime(2021,12,31)]

apd  = [
          # 5日移動平均
          mpf.make_addplot(rdf['ma5'], color='blue', panel=0, width=0.7),
          # 乖離率
          mpf.make_addplot(rdf['ma5_deviation_rate'], color='blue',
              panel=1)
]

fig, axes = mpf.plot(rdf, type="candle", figratio=(5,3),
             addplot=apd, returnfig=True)
axes[0].legend(["MA5"])
axes[2].legend(["MA5_deviation_rate"])
fig.show()
```

1年を通して株価は右肩上がりであるものの、5日移動平均の乖離率はほぼ-5〜5%に収まっています。つまり、次のことがいえます。

・5日移動平均の乖離率が-5%付近 → 売られすぎている → 買い戻され株価が上がる
・5日移動平均の乖離率が5%付近 → 買われすぎている → 売られて株価が下がる

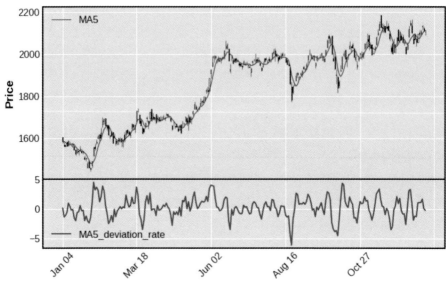

図 6.2　トヨタ自動車の 2021 年のチャート

　上記のような視点で見ると，売られすぎと買われすぎという相場が過熱した状態を行き来しながら株価は推移していると考えられます.

　このような状態を汎用化して把握するための代表的なテクニカル指標に，**RSI** と**ストキャスティクス**があります.

6.1.3 **RSI の計算と表示**

　RSI（Relative Strength Index：相対力指数）は，米国の投資家 J. W. ワイルダー氏によって考案されたテクニカル指標です．その名前のとおり，相場の中で「売られすぎている」「買われすぎている」という状態を数値化したものです．売られすぎ／買われすぎをチャートから判断する場合，それがどれくらいのものなのか，どこからどこまでの範囲なのかなど，明確な判断基準がありません．極端なことをいうと，チャートを見る人によって判断がまちまちになりがちです．そこで，売られすぎ／買われすぎを客観的に把握するために考案されたテクニカル指標が，RSI です.

　RSI では，売られすぎ／買われすぎという状態を 0 ～ 100 の数値で表します．株価の上昇が続き，買われすぎというピークが近づくと，RSI の値は 100 に近くなります．逆に，株価の下落が続き，売られすぎというピークが近づくと，RSI の値は 0 に近くなります．一般に，RSI の値が 30 を下回ると売られすぎ，70 を超えると買われすぎの目安だと判断されています.

表 6.1　RSI の値と状態

値	状態	予想される株価の動き
〜 30	売られすぎ	買われ始めて株価が上がる
70 〜	買われすぎ	売られ始めて株価が下がる

まとめると，RSI の見方は表 6.1 のようになります．

［RSI の計算］

RSI は TA-Lib の RSI メソッドで算出できます．

[構文 6.3] RSI メソッドの構文

```
%RSI のシリーズ% = RSI(%終値のシリーズ%, timeperiod=%日数%)
```

RSI は，TA-Lib の RSI メソッドに，終値のシリーズと RSI を求める際の平滑移動平均の日数 (timeperiod) を渡すことで得られます．1 つの期間よりも，短期と長期の 2 つの期間で見ることが多いです．

RSI を考案した J. W. ワイルダー氏によると，標準的な期間は 14 日とされています．本書では，短期として 14 日，長期はその倍の 28 日を用います．

［RSI の表示］

トヨタ自動車 (7203) の 2021 年 11 月 〜 2022 年 3 月の RSI をチャートに表示してみます（図 6.3）．

[リスト 6.4] RSI の表示（Ch6_1.ipynb 抜粋）

```python
df = get_stock_data(7203)   # トヨタ自動車
close = df["Close"]

# 移動平均
df['ma5'], df['ma25'] = ta.SMA(close ,timeperiod=5),
                        ta.SMA(close ,timeperiod=25)

# RSI
rsi14 = ta.RSI(close, timeperiod=14)   # 短期 14 日
rsi28 = ta.RSI(close, timeperiod=28)   # 長期 28 日
df['rsi14'], df['rsi28'] = rsi14, rsi28

# 補助線
df['70'] = [70 for _ in close]   # 「買われすぎ」の目安
df['30'] = [30 for _ in close]   # 「売られすぎ」の目安

rdf = df[dt.datetime(2021,11,1):dt.datetime(2022,3,31)]
```

```
apd  = [
    # 5 日移動平均線
    mpf.make_addplot(rdf['ma5'], color='blue', panel=0, width=0.7),
    # 25 日移動平均線
    mpf.make_addplot(rdf['ma25'], color='green', panel=0, width=0.7),
    # RSI 14
    mpf.make_addplot(rdf['rsi14'], color='red', panel=1, width=0.7),
    # RSI 28
    mpf.make_addplot(rdf['rsi28'], color='blue',panel=1, width=0.7),
    # 補助線
    mpf.make_addplot(rdf['70'], color='green', panel=1, width=0.7),
    mpf.make_addplot(rdf['30'], color='green',panel=1, width=0.7),
]

fig, axes = mpf.plot(rdf, type="candle", figratio=(2,1),
                addplot=apd, returnfig=True)
axes[0].legend(["MA5", "MA25"])
axes[2].legend(["RSI14", "RSI28"])
fig.show()
```

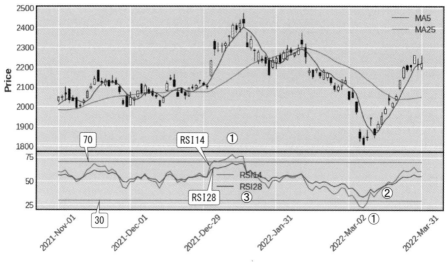

図 6.3　RSI の表示

　ローソク足チャートの下にパネルを設けて RSI を表示しています．売られすぎと買われすぎの目安をわかりやすくするために，値が 30 と 70 のシリーズを作成して RSI のパネルに表示しています．RSI の標準的な期間である 14 日線が，上限 70 を割った／下限 30 を超えた後に株価が反転していることがわかります（①）．30 と 70 は目安なので，線がここまで達してもすぐ反転するわけではありません．そろそろ反転が始まり

そうだという目安であることを忘れないでください．また，株価が大きく動く際には，RSI の 14 日線と 28 日線のゴールデンクロス（②）とデッドクロス（③）が起こっていることがわかります．

　簡単にいうと，RSI は移動平均線の動きに上限と下限を決めたものだともいえます．

　移動平均線と同様に，短期線と長期線のゴールデンクロス／デッドクロスという見方も有効です．テクニカル指標に応じて何種類もの見方を変えるより，共通した見方ができるほうが簡単です．チャートを見るときには，このような点にも意識をおいてください．

6.1.4　ストキャスティクスの計算と表示

　ストキャスティクス (stochastics) は，米国のチャート分析家ジョージ・レーン氏によって考案されたテクニカル指標です．RSI と同様に，相場の中で「売られすぎている」「買われすぎている」という状態を数値化する指標です．RSI が終値をベースに算出するのに対して，ストキャスティクスは終値に加えて高値と安値も利用します．そのため，ストキャスティクスは RSI よりも相場の動きに敏感に反応し，振り幅も大きいです．

　ストキャスティクスには，%K (fastk) と %D (fastd) の 2 本のラインを利用したファストストキャスティクスと，Slow%K (slowk) と Slow%D (slowd) の 2 本のラインを利用したスローストキャスティクスの 2 種類があります．ストキャスティクスで利用するラインを表 6.2 にまとめます．

表 6.2　ストキャスティクスで利用するライン

種類	名前	概要
ファストストキャスティクス	%K	期間内の変動幅の中で直近の株価がどれくらいの位置にあるかを示す数値
ファストストキャスティクス	%D	%K の単純移動平均
スローストキャスティクス	Slow%K	%K の単純移動平均（%D と同じ）
スローストキャスティクス	Slow%D	%D の単純移動平均（%K の単純移動平均をさらに単純移動平均化した数値）

　ファストストキャスティクスのチャートは反応が早く，ジグザグになりがちなため，一般的にはスローストキャスティクスのほうが利用されています．本書でもスローストキャスティクスを採用します．以降は，ストキャスティクスはスローストキャスティクスを指すものとして読み進めてください．

　ストキャスティクスでは，売られすぎ／買われすぎという状態を 0 〜 100 の数値で表します．株価の上昇が続き，買われすぎという時期が近づくとストキャスティクスの

値は 100 に近くなります．逆に，株価の下落が続き，売られすぎという時期が近づくと，ストキャスティクスの値は 0 に近くなります．一般的にストキャスティクスの値が 20 を下回ると売られすぎ，80 を超えると買われすぎの目安だと判断されています．

まとめると，ストキャスティクスの見方は表 6.3 のようになります．

表 6.3　ストキャスティクスの値と状態

値	状態	予想される株価の動き
〜 20	売られすぎ	買われ始めて株価が上がる
80 〜	買われすぎ	売られ始めて株価が下がる

［ストキャスティクスの計算］

ストキャスティクスは TA-Lib の STOCH メソッドで算出できます．STOCH メソッドの構文は次のとおりです．

[構文 6.5] STOCH メソッドの構文

```
%Slow%Kのシリーズ%, %Slow%Dのシリーズ% = %TA-Libオブジェクト%.STOCH(
    %高値のシリーズ%,
    %安値のシリーズ%,
    %終値のシリーズ%,
    fastk_period=%Kの期間%,
    slowk_period=%Slow%Kの期間%,
    slowk_matype=%Slow%Kの移動平均の種類%,
    slowd_period=%Slow%Dの期間%,
    slowd_matype=%Slow%Dの移動平均の種類%
)
```

各パラメータの設定値は，ストキャスティクスの考案者であるジョージ・レーン氏の推奨する，表 6.4 の値を使用します．

表 6.4　STOCH メソッドのパラメータ

パラメータ	値
fastk_period	5
slowk_period	3
slowk_matype	0（単純移動平均）
slowd_period	3
slowd_matype	0（単純移動平均）

［ストキャスティクスの表示］

トヨタ自動車 (7203) の 2021 年 11 月 〜 2022 年 3 月のストキャスティクスをチャートに表示してみます（図 6.4）．

[リスト6.6] ストキャスティクスの表示（Ch6_1.ipynb 抜粋）

```python
df = get_stock_data(7203)   # トヨタ自動車
close = df["Close"]

# 移動平均
df['ma5'], df['ma25'] = ta.SMA(close, timeperiod=5), ta.SMA(close,
                                timeperiod=25)

# ストキャスティクス
slowK, slowD = ta.STOCH(df["High"], df["Low"], df["Close"],
                    fastk_period=5, slowk_period=3, slowk_matype=0,
                    slowd_period=3, slowd_matype=0)
df['slowK'], df['slowD'] = slowK, slowD

# 補助線
df['80'] = [80 for _ in close]   # 「買われすぎ」の目安
df['20'] = [20 for _ in close]   # 「売られすぎ」の目安

rdf = df[dt.datetime(2021,11,1):dt.datetime(2022,3,31)]

apd  = [
    # 5日移動平均線
    mpf.make_addplot(rdf['ma5'], color='blue', panel=0, width=0.7),
    # 25日移動平均線
    mpf.make_addplot(rdf['ma25'], color='green', panel=0, width=0.7),
    # Slow%K
    mpf.make_addplot(rdf['slowK'], color='red', panel=1, width=0.7),
    # Slow%D
    mpf.make_addplot(rdf['slowD'], color='blue', panel=1, width=0.7),
    # 補助線
    mpf.make_addplot(rdf['80'], color='green', panel=1, width=0.7),
    mpf.make_addplot(rdf['20'], color='green', panel=1, width=0.7)
]

fig, axes = mpf.plot(rdf, type="candle", figratio=(2,1),
                addplot=apd, returnfig=True)
axes[0].legend(["MA5"])
axes[2].legend(["Slow%K", "Slow%D"])
fig.show()
```

　RSIのときと同様に，ローソク足の下のパネルに補助線とともにストキャスティクスを表示しています．株価が上下する際に，上限と下限の目安を超えやすいこと，ゴールデンクロスとデッドクロスがはっきりと出ることが特徴です．ストキャスティクスもRSIと同様に移動平均線に上限と下限を考慮した見方ができることがわかります．

　RSIと比べると，線のブレが少なくわかりやすく表示されます．ただし，株価の少しの動きでも大きな動きでも上限と下限まで線が振れるので，時間をかけて株価が上がる

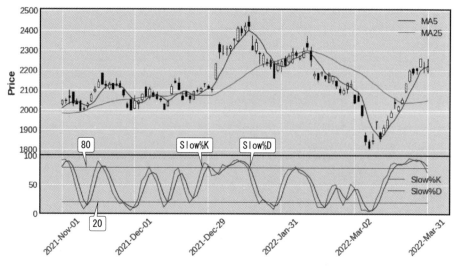

図6.4　ストキャスティクスの表示

／下がるという場面では少し不便に感じるかもしれません．

6.1.5 RSIのダイバージェンス

ダイバージェンスとは，株価とテクニカル指標の逆行のことです．株価は上がっているのにRSIは下がっている，または株価が下がっているのにRSIは上がっている，という株価とテクニカル指標が相反している状態のことです．RSIのダイバージェンスが発生した場合，株価はRSIの方向へ遅れて動きます．

ワコム (6727) の2021年10月〜2022年3月のチャートで確認してみます（図6.5）．

[リスト6.7] ダイバージェンスの例（Ch6_1.ipynb 抜粋）

```
df = get_stock_data(6727)  # ワコム
close = df["Close"]

# 移動平均とRSI
df['ma5'] = ta.SMA(close ,timeperiod=5)
df['ma25'] = ta.SMA(close ,timeperiod=25)
df['rsi14'] = ta.RSI(close, 14)
df['rsi28'] = ta.RSI(close, 28)

rdf = df[dt.datetime(2021,10,1):dt.datetime(2022,3,31)]
```

```
apd  = [
    # 5 日移動平均線
    mpf.make_addplot(rdf['ma5'], color='blue', panel=0, width=0.7),
    # 25 日移動平均線
    mpf.make_addplot(rdf['ma25'], color='green', panel=0, width=0.7),
    # RSI 14
    mpf.make_addplot(rdf['rsi14'], color='red', panel=1, width=0.7),
    # RSI 28
    mpf.make_addplot(rdf['rsi28'], color='blue',panel=1, width=0.7)
]

fig, axes = mpf.plot(rdf, type="candle", figratio=(2,1),
                addplot=apd, returnfig=True)
axes[0].legend(["MA5", "MA25"])
axes[2].legend(["RSI14", "RSI28"])
fig.show()
```

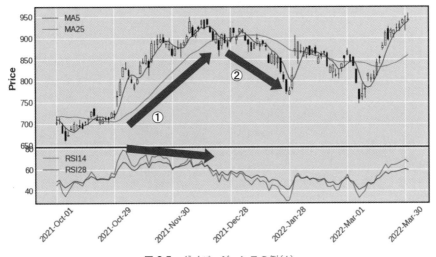

図 6.5　ダイバージェンスの例(1)

　①の期間では，移動平均線は上昇傾向にありますが，RSI のトレンドラインは下降傾向にあります．つまり，株価と RSI は逆行しています．その後，株価は①の RSI と同じく下降する方向へ動きます（②）．

　逆の例も確認します．松井証券 (8628) の 2021 年 10 月 〜 2022 年 3 月のチャートです（図 6.6）．銘柄コードが異なるだけなので，サンプルコードは省略します．

　①の期間では，移動平均線は下降傾向にありますが，RSI のトレンドラインは上昇傾向にあります．その後，株価は①の RSI と同じく上昇する方向へ動きます（②）．

　上記 2 つの例のように，株価と RSI の動きが逆になった場合，株価は RSI と同じ動

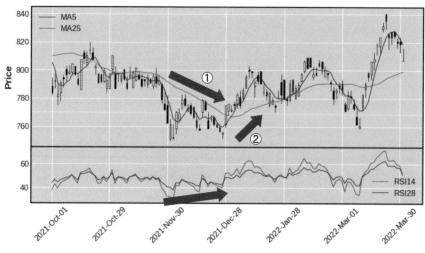

図6.6　ダイバージェンスの例(2)

きになる傾向が強いです．RSIを考案したJ. W.ワイルダー氏も，ダイバージェンスの動きを認めています．株価分析の主要な方法としてダイバージェンスを使うことはあまりありませんが，RSIのチャートではこのようなこともわかることを覚えておいてください．

6.2 複数の指標を可視化する

これまでに学んだ複数のテクニカル指標をローソク足チャートとともに表示して，比較と考察を行います．

6.2.1 RSIとストキャスティクスを同時に表示

複数のテクニカル指標を並べてチャートに表示することで，トレンドの方向や転換点をより明確にすることができます．ここではRSIとストキャスティクスを並べて表示する例をあげます．トヨタ自動車(7203)の2021年11月〜2022年3月の株価データをチャートに表示します．

[リスト6.8] RSIとストキャスティクスを同時に表示（Ch6_2.ipynb抜粋）

```
df = get_stock_data(7203)  # トヨタ自動車
close = df["Close"]

# 移動平均
df['ma5'], df['ma25'] = ta.SMA(close ,timeperiod=5),
```

```
                        ta.SMA(close ,timeperiod=25)

# RSI
rsi14 = ta.RSI(close, timeperiod=14)
rsi28 = ta.RSI(close, timeperiod=28)
df['rsi14'], df['rsi28'] = rsi14, rsi28

df['70'] = [70 for _ in close]
df['30'] = [30 for _ in close]

# ストキャスティクス
slowK, slowD = ta.STOCH(df["High"], df["Low"], close,
                   fastk_period=5, slowk_period=3,
                   slowk_matype=0, slowd_period=3,
                   slowd_matype=0)
df['slowK'], df['slowD'] = slowK, slowD

df['80'] = [80 for _ in close]
df['20'] = [20 for _ in close]

rdf = df[dt.datetime(2021,11,1):dt.datetime(2022,3,31)]

apd  = [
    # 5日移動平均線
    mpf.make_addplot(rdf['ma5'], color='blue', panel=0, width=0.7),
    # 25日移動平均線
    mpf.make_addplot(rdf['ma25'], color='green', panel=0, width=0.7),
    # RSI 14
    mpf.make_addplot(rdf['rsi14'], color='red', panel=1, width=0.7),
    # RSI 28
    mpf.make_addplot(rdf['rsi28'], color='blue',panel=1, width=0.7),
    # 補助線
    mpf.make_addplot(rdf['70'], color='green', panel=1, width=0.7),
    mpf.make_addplot(rdf['30'], color='green',panel=1, width=0.7),
    # Slow%K
    mpf.make_addplot(rdf['slowK'], color='red', panel=2, width=0.7),
    # Slow%D
    mpf.make_addplot(rdf['slowD'], color='blue', panel=2, width=0.7),
    # 補助線
    mpf.make_addplot(rdf['80'], color='green', panel=2, width=0.7),
    mpf.make_addplot(rdf['20'], color='green', panel=2, width=0.7)
]

fig, axes = mpf.plot(rdf, type="candle", figratio=(2,1),
                addplot=apd, returnfig=True)
axes[0].legend(["MA5"])
axes[2].legend(["RSI14", "RSI28"])
axes[4].legend(["slowK", "slowD"])
fig.show()
```

複数のテクニカル指標のチャートを表示する際には，make_addplot メソッドで別々のパネルを指定します．パネルを分けることで，縦軸の基準が違うテクニカル指標もローソク足チャートとともに同じ横軸でチャートを描画することができます．サンプルでは，RSI をパネルの 1 番地に，ストキャスティクスをパネルの 2 番地にチャートを描画するようにしています．サンプルを実行すると，図 6.7 のチャートが表示されます．

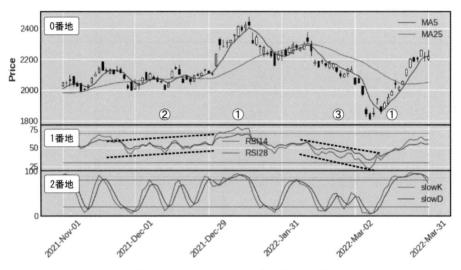

図 6.7　RSI とストキャスティクスを同時に表示

表示された RSI とストキャスティクスを比べると，上限と下限に達するタイミングはほぼ同じです（①）．したがって，RSI とストキャスティクスの両方で相場の強弱が入れ替わる兆候が見られたときは，トレンドの転換が確実だといえます．全体を通して見ると，ストキャスティクスは少しの株価の変動でも反応が早く，上下に動きやすいことがわかります．一方，RSI はストキャスティクスと比較すると，動きは小さいですが，トレンドラインを引くと 25 日移動平均線に沿った動きをしていることがわかります（②，③）．

反応の早いストキャスティクスは数日のスパンでの短期的な売買，大局的な動きをする RSI は長期的な売買の指標に向いていると考えられます．

6.2.2　相場の強弱とトレンドの転換

RSI とストキャスティクスに加えて，MACD もチャートに表示してみます．前項のサンプルと同様に，make_addplot メソッドで MACD，RSI，ストキャスティクスの順にパネルを指定することで，3 つのテクニカル指標のチャートを表示します．

日本製鉄 (5401) の 2021 年 11 月 〜 2022 年 3 月の株価データを利用します（図 6.8）．

```python
df = get_stock_data(5401) # 日本製鉄
close = df["Close"]

# 移動平均線
df['ma5'] = ta.SMA(close ,timeperiod=5)
df['ma25'] = ta.SMA(close ,timeperiod=25)

# MACD, シグナル, ヒストグラム
macd, macdsignal, hist = ta.MACD(close, fastperiod=12, slowperiod=26,
                               signalperiod=9)
df['macd'] = macd
df['macd_signal'] = macdsignal
df['hist'] = hist

# RSI
rsi14 = ta.RSI(close, timeperiod=14)
rsi28 = ta.RSI(close, timeperiod=28)
df['rsi14'], df['rsi28'] = rsi14, rsi28

df['70'] = [70 for _ in close]
df['30'] = [30 for _ in close]

# ストキャスティクス
slowK, slowD = ta.STOCH(df["High"], df["Low"], df["Close"],
                      fastk_period=5, slowk_period=3,
                      slowk_matype=0, slowd_period=3,
                      slowd_matype=0)
df['slowK'], df['slowD'] = slowK, slowD
df['80'] = [80 for _ in close]
df['20'] = [20 for _ in close]

rdf = df[dt.datetime(2021,11,1):dt.datetime(2022,3,31)]

apd  = [
    # 5 日移動平均線
   mpf.make_addplot(rdf['ma5'], color='blue', panel=0, width=0.7),
    # 25 日移動平均線
    mpf.make_addplot(rdf['ma25'], color='green', panel=0, width=0.7),
    # MACD
    mpf.make_addplot(rdf['macd'], color='red', panel=1, width=0.7),
    # シグナル
    mpf.make_addplot(rdf['macd_signal'], color='blue',
        panel=1, width=0.7),
    # ヒストグラム
    mpf.make_addplot(rdf['hist'], panel=1, type='bar'),

    # RSI 14
    mpf.make_addplot(rdf['rsi14'], color='red', panel=2, width=0.7),
```

```
    # RSI 28
    mpf.make_addplot(rdf['rsi28'], color='blue',panel=2, width=0.7),
    # 補助線
    mpf.make_addplot(rdf['70'], color='green', panel=2, width=0.7),
    mpf.make_addplot(rdf['30'], color='green',panel=2, width=0.7),
    # Slow%K
    mpf.make_addplot(rdf['slowK'], color='red', panel=3, width=0.7),
    # Slow%D
    mpf.make_addplot(rdf['slowD'], color='blue', panel=3, width=0.7),
    # 補助線
    mpf.make_addplot(rdf['80'], color='green', panel=3, width=0.7),
    mpf.make_addplot(rdf['20'], color='green', panel=3, width=0.7)
]

fig, axes = mpf.plot(rdf, type="candle", figratio=(5,4),
                addplot=apd, returnfig=True)
axes[0].legend(["MA5", "MA25"])
axes[2].legend(["MACD", "SIGNAL"])
axes[4].legend(["RSI14", "RSI28"])
axes[6].legend(["slowK", "slowD"])
fig.show()
```

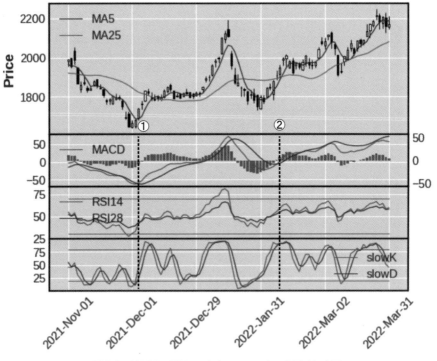

図6.8　MACD，RSI，ストキャスティクスを同時に表示

トレンド転換の目安となる MACD のゴールデンクロスは，RSI のゴールデンクロスとほぼ一致しています（①，②）．ストキャスティクスはその少し前でゴールデンクロスしています．

この 3 種のクロスの重なりを，別の銘柄である東日本旅客鉄道 (9020) の 2022 年 1 月 ~ 2022 年 3 月のチャートで確認してみます（図 6.9）．

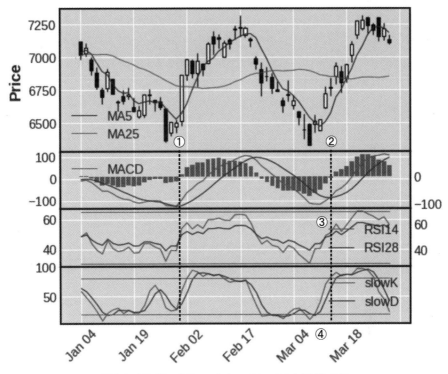

図 6.9　MACD，RSI，ストキャスティクスを同時に表示

①の部分で MACD のヒストグラムの転換，MACD，RSI，ストキャスティクスの各ゴールデンクロスが重なり，翌日に大きな陽線が出現して株価の上昇が始まりました．各テクニカル指標の仕様どおりの動きが，そのままチャートに表れています．

②の部分は，ヒストグラムの転換，MACD のゴールデンクロスです．MACD の仕様どおりにその後の株価は上昇しています．前日までのチャートを確認すると，RSI がゴールデンクロスしています（③）．さらにその前にはストキャスティクスがゴールデンクロスしていることがわかります（④）．先のサンプルと合わせて判断すると，ストキャスティクス > RSI > MACD の順でゴールデンクロスすると，株価の強い上昇が見ら

れると考えられます.

テクニカル指標のゴールデンクロスする順番がわかれば, 各テクニカル指標の動きを追うことで, 株価の上昇も予想しやすくなります.

6.2.3 株価の変動範囲を表示する

MACD, RSI, ストキャスティクスに加えて, ボリンジャーバンドを表示して株価の変動範囲も確認できるようにしてみます. しかし, 5 日移動平均線と 25 日移動平均線とボリンジャーバンドを同時に線で表示すると, どの線がどれなのかわかりにくくなります. ボリンジャーバンドで最も重要なのは, 株価の変動範囲の上限と下限の±2σ です. そこで, ±2σ の変動範囲がわかるように, ±2σ の間を塗りつぶすチャートを表示します.

チャートの特定の範囲を塗りつぶすには, 引数 fill_between で範囲と色をキーと値のペアで定義するハッシュの形式で指定します. ハッシュのキーは表 6.5 のとおりです.

表 6.5 範囲と色を指定するハッシュのキー

名前	概要
y1	下辺のリスト
y2	上辺のリスト
color	色
alpha	透明度

塗りつぶしたい範囲の下辺と上辺の値をリストで指定します. シリーズでなくリストであることに気をつけてください. 塗りつぶす範囲だけを指定するのでインデックスは不要です.

範囲を指定した後に, 塗りつぶす色と透明度を 0 ～ 1 の範囲で指定します. 範囲をすべて塗りつぶしてしまうと, ほかのチャートが見えなくなってしまうので, 透明度を指定して透過した色で塗りつぶします.

日本製鉄 (5401) の 2021 年 11 月 1 日 ～ 2022 年 3 月 31 日のチャートで, ボリンジャーバンドの±2σ を塗りつぶしたものを表示してみます.

[リスト 6.10] ボリンジャーバンドの±2σ を表示 (Ch6_2.ipynb 抜粋)

```
#前略

# ボリンジャーバンド±2σ
df["upper2"], _, df["lower2"] = ta.BBANDS(close, timeperiod=25, nbdevup=2,
                                nbdevdn=2, matype=ta.MA_Type.SMA)
```

```
#中略

fig, axes = mpf.plot(rdf, type="candle", figratio=(5,4),
                addplot=apd, returnfig=True,
                fill_between={ "y1": rdf["lower2"].values,
                "y2": rdf["upper2"].values,
                "color": 'red', "alpha": 0.2 } )

#中略

fig.show()
```

plot メソッドの実行時に，fill_between プロパティでボリンジャーバンドの範囲と色，透明度を指定します．TA-Lib の BBANDS メソッドで得られるボリンジャーバンドの±2σ はシリーズなので，values プロパティで値だけをリストで指定することに気をつけてください．

サンプルコードを実行すると，図 6.10 のように，ボリンジャーバンドの±2σの範囲が透明度を伴った赤で表示されます．

fill_between プロパティで透明度を 0.2 に指定しているので，塗りつぶす範囲の下にあるローソク足と移動平均線が確認できます．

ローソク足がボリンジャーバンドを越える部分（①，②）では，MACD が最大最小となるのに加えて，RSI とストキャスティクスも上限と下限まで動いていることがわかります．ただし，ストキャスティクスは動きが早いため上限と下限以上に振れることが多く，ボリンジャーバンドや MACD とはあまり連動していないこともわかります．

②に至るまでの部分では，株価の上昇が続くバンドウォークが見られます．このときには，MACD，RSI，ストキャスティクスも同時に上昇しています．ストキャスティクスは，動きが早いためか 3 つの指標の中で最も早く上限に達し，MACD と RSI が上限に達するまでは上限に張りつく動きを見せています（③）．同様に，株価，MACD，RSI すべてが上昇している④の部分でも，ストキャスティクスが先に上限まで達して上限に張りつく動きを見せています．

ストキャスティクスのみに注目すると，ストキャスティクスが上限に張りついていて，ほかのテクニカル指標に上昇する余地がある場合は，株価は上昇する傾向にあると考えることもできます．

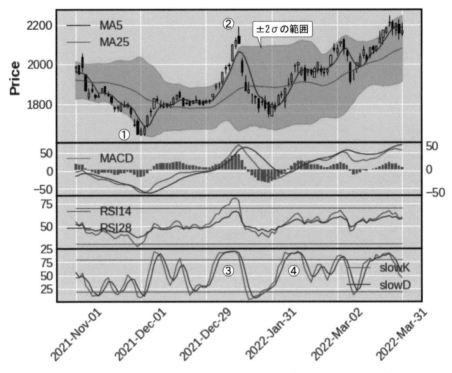

図6.10　MACD，RSI，ストキャスティクス，ボリンジャーバンドを同時に表示

6.3　チャートを保存する

　mplfinance で作成したチャートは，画像として出力できます．作成したチャートを画像として出力し，Google ドライブに保存する手順を説明します．初期状態では Google Colaboratory から Google ドライブは参照できないので，まず最初に Google ドライブを参照できるようにします．

[1]　Google ドライブを利用可能にするプログラムコードを実行する

　google.colab ライブラリの drive モジュールを使って Google ドライブを参照できるようにします．Google Colaboratory で次のコードを実行します．

［リスト6.11］Google ドライブの参照（Ch6_2.ipynb 抜粋）

```
import os
from google.colab import drive
drive.mount("/content/drive")
os.chdir("/content/drive/MyDrive/")
```

「/content/drive」がGoogleドライブのエンドポイントで，それをmountメソッドの引数として実行します．その後，osモジュールのchdirメソッドで，Googleドライブのマイドライブにあたる「/content/drive/MyDrive/」にディレクトリを変更します．

[2] Google ColaboratoryからGoogleドライブへのアクセスを許可する

手順［1］のコードを実行すると，図6.11のようにGoogle ColaboratoryからGoogleドライブへのアクセスの許可を確認するアラートが表示されるので，［Googleドライブに接続］をクリックします．

図6.11 Google ColaboratoryからGoogleドライブへのアクセスの許可

[3] Googleドライブへのアクセスを許可する．

画面に従ってGoogleドライブへのアクセスを許可します（図6.12）．

[4] Googleドライブへのアクセスが許可されたことを確認する

Google ColaboratoryからGoogleドライブへのアクセスが許可されると，図6.13のように「Mounted at /content/drive」と，Googleドライブが参照可能になった旨のメッセージが表示されます．

手順［1］〜［4］を実行した後に，チャートを画像として出力する処理を作成します．mplfinanceで描画したチャートを画像として出力するには，plotメソッドの戻り値であるfigureオブジェクトの**savefig**メソッドを利用します．savefigメソッドの構文は次のとおりです．

［構文6.12］savefigメソッド

```
%figureオブジェクト%.savefig(%保存するファイル名%[, dpi=%解像度%])
```

savefigメソッドは，plotメソッドの実行結果である描画されたチャートを，引数のファイル名で出力します．解像度を指定する場合は，引数のdpiで指定します．
チャートを表示した後にsavefigメソッドを実行することで，チャートを画像として出力できます．出力先はデフォルトではコードを実行したディレクトリです．Googleドライブと連携済みの場合は，Googleドライブに出力されます．

Google Drive for desktop に以下を許可します：

△ Google ドライブのすべてのファイルの表示、 ⓘ
  編集、作成、削除

△ Google フォトの写真、動画、アルバムの表 ⓘ
  示

● モバイル クライアントの設定とウェブテスト ⓘ
  の取得

● プロフィールや連絡先などの Google ユーザ ⓘ
  ー情報の表示

● Google ドライブ内のファイルのアクティビテ ⓘ
  ィ履歴の表示

● Google ドライブのドキュメントの表示、編 ⓘ
  集、作成、削除

Google Drive for desktop を信頼できることを確認

お客様の機密情報をこのサイトやアプリと共有することがあります。アクセス権の確認、削除は、Google アカウントでいつでも行えます。

Google でデータ共有を安全に行う方法についての説明をご覧ください。

Google Drive for desktop のプライバシー ポリシーと利用規約をご覧ください。

キャンセル　　　　許可 ← クリック

図 6.12　Google Colaboratory から Google ドライブへのアクセスの許可

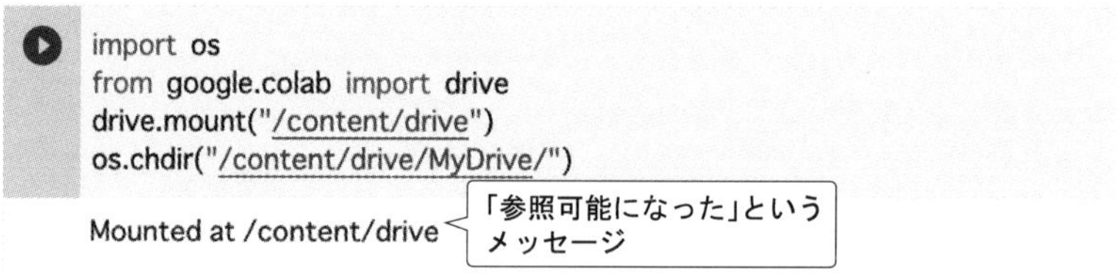

```
import os
from google.colab import drive
drive.mount("/content/drive")
os.chdir("/content/drive/MyDrive/")

Mounted at /content/drive
```
← 「参照可能になった」というメッセージ

図 6.13　Google ドライブを参照可能になった旨のメッセージ

```
# 前略

fig, axes = mpf.plot(rdf, type="candle", figratio=(5,4),
                addplot=apd, returnfig=True,
                fill_between={ "y1": rdf["lower2"].values,
                "y2": rdf["upper2"].values,
                "color": 'red', "alpha": 0.2 } )
axes[0].legend(["MA5", "MA25"])
axes[2].legend(["MACD", "SIGNAL"])
axes[4].legend(["RSI14", "RSI28"])
axes[6].legend(["slowK", "slowD"])
fig.show()
fig.savefig("chart.png", dpi=200)
```

サンプルを実行すると, 図 6.14 のように, 作成したチャートが画像として Google ドライブに保存されます.

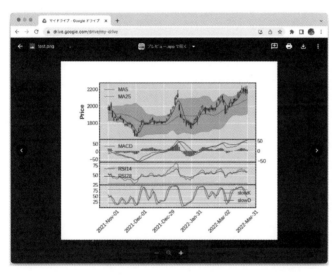

図 6.14　保存したチャート

　気になるチャートをそのまま画像として保存でき, スマートフォンなどの Google Colaboraory に未対応の端末からも参照することができます.

　また, 移動平均線の日数やテクニカル指標のパラメータを変更してチャートを比較したい場合などに, このように画像で保存しておくと便利です.

◯ まとめ

　移動平均線をベースとした手法以外に，相場の過熱度という視点でチャートを作成し，考察しました．テクニカル指標にはさまざまな種類があり，そのほとんどは TA-Lib で算出できるものです．チャートを見る際には，1つの見方だけでなく複数の見方を利用したり，複数の見方を可視化して比較すると，より正確にチャートから株価の動きを理解できます．

　Python を利用すると，テクニカル指標を通して複数の見方を比較的手軽に試せます．複数の視点から見ると，1つの見方で考えたことの裏づけができたり，別のことがらがわかることもあります．株価分析の際には，ぜひとも複数の手法を利用してみてください．

インタラクティブな可視化

7.1　自由度の高い可視化

　株価データのほかにゴールデンクロス, デッドクロス, テクニカル指標など複数の
チャートを同時に表示する際, mpl_finance よりも見やすいグラフで表示することをお
勧めします. 本章では Plotly というライブラリを使って, マウスの動きでチャートを
拡大したり, マウスオーバー時にローソク足の詳細をポップアップ表示するなどの, イ
ンタラクティブな可視化を試みます.

7.1.1　高度なグラフを描画する Plotly

　Plotly とは, plotly.js という JavaScript のライブラリを利用した, 高度なグラフを
描画するライブラリです. 統計, 財務, 地理, 科学, 3 次元などさまざまな用途に応じ
たチャートを描画することができます. Plotly で描画できるグラフは, Jupyter
Notebook や Google Colaboratory でも問題なく利用できます.

　本書で利用する Plotly のライブラリは, 表 7.1 の 2 つです.

表 7.1　利用するライブラリ

名前	概要
plotly.graph_objs	グラフ表示関連ライブラリ
plotly.io	入出力関連ライブラリ

　Plotly で表示できる簡単な棒グラフを確認してみます. サンプルコードの詳細につ
いては, 次節以降順を追って説明します. なお Plotly では, 横軸を xaxis（X 軸）,
縦軸を yaxis（Y 軸）とよびます. 本章でもその仕様に沿って, X 軸, Y 軸の名前で説
明を続けます.

[リスト 7.1] 棒グラフの例（Ch7_1_a.ipynb 抜粋）

```
import plotly.graph_objects as go
import plotly.io as pio
pio.renderers.default = "colab"

x = [1, 2, 3, 4, 5]
y = [10, 20, 30, 40, 50]
data = go.Bar(x=x, y=y)
fig = go.Figure(data)
fig.show()
```

Google Colaboratory 上で Plotly を利用する場合は，「pio.renderers.default = "colab"」と記述して Google Colaboratory 上でグラフを表示することを宣言します．サンプルを実行すると，図 7.1(a)のように棒グラフが表示されます．

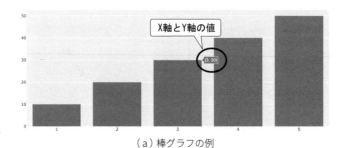

（a）棒グラフの例

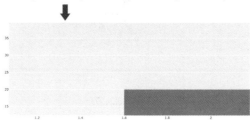

（b）グラフの拡大表示

図 7.1　棒グラフの表示

グラフ部分にマウスオーバーすると，丸部分のように X 軸と Y 軸の値がチップで表示されます．また，グラフの一部をマウスで選択することで，選択した部分を拡大表示できます（図 7.1(b)）．

Plotly で作成できるグラフは自由度が高いだけでなく，インタラクティブ性も高いものです．

7.1.2 ローソク足チャートを表示する

Plotly を利用してローソク足チャートを描画しながら，Plotly ライブラリの基本的な使い方を学びます．

［Figure クラスの指定］

plotly.graph_objs ライブラリには，描画のための **Figure** クラスが定義されています．Figure クラスは，次の構文でデータとレイアウトを指定してインスタンスを生成します．

[構文 7.2] Figure クラスのインスタンス

```
%Figure オブジェクト% = Figure(% 表示するデータのリスト%, % レイアウトのハッシュ%)
```

チャートには複数のデータを表示することもあるため，表示するデータはリストで渡します．レイアウトは，チャート全体のレイアウトをハッシュの形式で指定します．レイアウトを指定するハッシュのおもなキーは，表 7.2 のとおりです．

表 7.2　レイアウトのキー

名前	概要
title	グラフ全体のタイトル
title.text	タイトル
title.x	表示する X 軸の位置（0〜1.0 の割合で指定）
height	グラフの高さのピクセル数
plot_bgcolor	グラフの背景色
showgrid	グリッド表示にするか（True／False．既定は True）
xaxis	X 軸のタイトル
xaxis.text	タイトル
xaxis.rangeslider	レンジスライダーを表示するか（True／False．既定は True）
yaxis	Y 軸のタイトル
yaxis.text	タイトル
yaxis.side	Y 軸の値の目安を表示する位置
yaxis.tickformat	Y 軸のラベルのフォーマット
yaxis.plot_bgcolor	表示するグラフの背景色

ハッシュの内容を大きく分けると，グラフ自体，X軸，Y軸に関する設定項目です．色情報に関しては，RGBα で「rgba(170,170,170,.2)」のように指定する方法のほか，「gray」や「red」など，CSS Color Module Level 4 で検討されている色の名前での指定する方法があります．

❗補足　CSS Color Module Level 4

CSS Color Module Level 4 とは，CSS のレベル 4 の色関連の仕様のことです．まだ草案の段階で決定事項ではありませんが，「gray」などの一般的な名前で色を指定できる「Named Colors」という仕様が提案されています．Python のライブラリである Matplotlib や Plotly では，この色指定の方法が利用できます．CSS Color Module Level 4 の詳細な仕様は，W3C 内の次の URL で確認できます．

https://drafts.csswg.org/css-color-4/

［ローソク足の表示］

Plotly でチャートを表示する際には，棒グラフや折れ線グラフなど，グラフの種類に応じて表示用のオブジェクトを作成します．

ローソク足チャートは，plotly.graph_objs の **Candlestick** メソッドを利用して生成します．Candlestick メソッドの構文は次のとおりです．

［構文 7.3］Candlestick メソッド

```
go.Candlestick(x=X軸の値,
           open=始値のシリーズ,
           high=高値のシリーズ,
           low=安値のシリーズ,
           close=終値のシリーズ,
           [increasing_line_color=% 陽線の縁の色 %,
            increasing_line_width=% 陽線のヒゲの幅 %,
            increasing_fillcolor=% 陽線の実体の色 %,
            decreasing_line_color=% 陰線の縁の色 %,
            decreasing_line_width=% 陰線のヒゲの幅 %,
            decreasing_fillcolor=% 陰線の実体の色 %])
```

株価のデータフレームのインデックスとカラムがそのまま Candlestick メソッドの引数に該当します．陽線と陰線の色は好きな色で指定できます．陽線／陰線ともに fillcolor プロパティが指定されない場合は，line_color プロパティの値が fillcolor プロパティの値として使用されます．

Figure クラスと Candlestick メソッドを用いた，積水ハウス（1928）の 2021 年 11 月 ～ 2022 年 3 月の株価データのローソク足チャートを表示するサンプルは，次のとおりです．

これ以降のサンプルコードでは，変数 name に銘柄名，変数 code に株価コードを代入します.

[リスト 7.4] ローソク足チャートの表示（Ch7_1_b.ipynb 抜粋）

```python
import plotly.graph_objs as go
import datetime as dt

name = '積水ハウス'
code = 1928
df = get_stock_data(code)

rdf = df[dt.datetime(2021,12,1):dt.datetime(2022,3,31)]

# レイアウト定義
layout = {
  "title"  : { "text": "{} {}".format(code, name), "x": 0.5 },
  "xaxis" : { "title": "日付", "rangeslider": { "visible": False } },
  "yaxis" : { "title": "価格（円)", "side": "left", "tickformat": "," },
  "plot_bgcolor":"light blue"
}

# データ定義
data = [
        go.Candlestick(x=rdf.index, open=rdf["Open"], high=rdf["High"],
            low=rdf["Low"], close=rdf["Close"],
            increasing_line_color="red",
            increasing_line_width=1.0,
            increasing_fillcolor="red",
            decreasing_line_color="gray",
            decreasing_line_width=1.0,
            decreasing_fillcolor="gray")
]

# グラフ生成
fig = go.Figure(data = data, layout = go.Layout(layout))

# 表示
fig.show()
```

実行すると，図 7.2 のチャートが表示されます．グラフのレイアウト (layout) と表示するデータ (data) をこのように指定するだけで，陽線が赤／陰線がグレーのローソク足チャートを描画できます．ローソク足にマウスを合わせると，日付と OHLC の値が表示されます．チャートだけでなく，ローソク足の詳細まで参照できることを確認してください．

ローソク足の色を指定しない場合は，陽線と陰線の色は緑と赤で表示されます（図 7.3）．

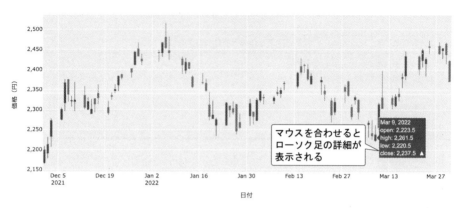

図 7.2　ローソク足チャートの表示

[リスト 7.5]　既定のローソク足チャート（Ch7_1_b.ipynb 抜粋）

```
# 前略

data = [
        go.Candlestick(x=rdf.index, open=rdf["Open"], high=rdf["High"],
        low=rdf["Low"], close=rdf["Close"])
]
fig = go.Figure(data = data, layout = go.Layout(layout))
fig.show()
```

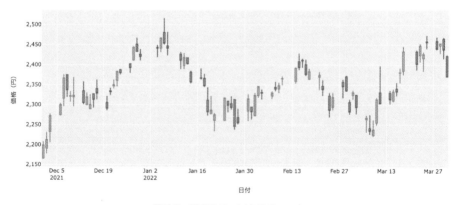

図 7.3　既定のローソク足チャート

日本ではローソク足を，陽線が明るい色／陰線が暗い色，で表示します．ですが，国によっては，「陰線 = 下がる危険性が高い = 危険を示す赤系統」「陽線 = 安全性が高い=青系統」という表示をすることがあります．

既定の色のままで使用するときは，国内の証券会社のサイトなどと陽線と陰線の色が逆に表示されるかもしれないことに気をつけてください．

本書のサンプルでは，陽線を赤，陰線をグレーに設定しています．

7.1.3 日付の表示形式を詰める

前項で作成したローソク足チャートをよく見ると，図 7.4 のように一定の間隔で空のデータがあることがわかります．

この理由は，Plotly が X 軸の値をインデックスの型どおりに DateTime 型と解釈するためです．このため，X 軸にはカレンダーと同じ日付を表示するものと判断され，株価データのない土日祝祭日などの非営業日のデータも表示されてしまっています．

このことを防ぐために，X 軸の値にあたる株価のデータフレームのインデックスを DateTime 型でなく str 型にします．

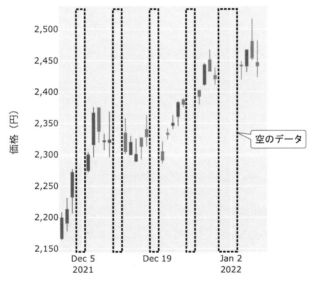

図 7.4 チャート上の空データ

[リスト 7.6] インデックスを DateTime 型から str 型に変更（Ch7_1_b.ipynb 抜粋）

```
import pandas as pd

# 中略

rdf = df[dt.datetime(2021,12,1):dt.datetime(2022,3,31)]

# インデックスを文字列型に
rdf.index = pd.to_datetime(rdf.index).strftime('%m-%d-%Y')

# 後略
```

インデックスの型を DateTime 型から str 型へ変更することで，Plotly がインデックスを DateTime 型で解釈するのを回避できます．

図 7.5 のように，チャートで日付が詰めて表示されることが確認できます．

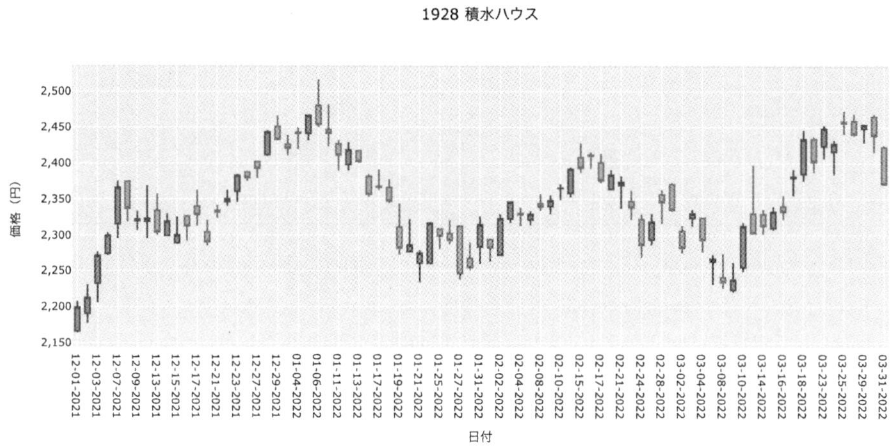

図 7.5　非営業日を除いたチャート

知っておきたい！Python 文法

Pandas の to_datetime メソッドを利用すると，コレクションの値を一括して DateTme 型に変更できます．DateTime 型の変数は，strftime メソッドで日付のフォーマットを指定して文字列型へ変換できます．

7.1.4 レイアウトを更新する

X 軸に表示される日付の値は，グラフの幅に応じて Plotly が自動的に表示しています．より正確にチャートを表示するために，軸で表示する値もプログラムで管理できる

ようにします.

　日付をすべて表示すると窮屈になりそうなので，半分のみ表示するようにします．グラフのレイアウトを更新するためには，Figure クラスの **update_layout** メソッドを利用します．このメソッドは，更新したいレイアウトのハッシュを引数に指定することで，レイアウトを更新できます．update_layout メソッドを利用して，X 軸の表示を更新する処理は，次のように書くことができます．

[リスト 7.7] 日付の表示調整（Ch7_1_b.ipynb 抜粋）

```
# 前略

fig = go.Figure(data = data, layout = go.Layout(layout))

# レイアウトを更新
fig.update_layout({
    "xaxis":{
        # 日付を半分に
        "tickvals": rdf.index[::2],
        # 表示形式を MM-DD に
        "ticktext": ["{}-{}".format(x.split("-")[0], x.split("-")[1])
            for x in rdf.index[::2]]
    }
})
fig.show()
```

　日付を表示する X 軸のレイアウトを更新するために，軸のレイアウトを指定する表 7.3 のプロパティを利用して，ハッシュを作成しています．いったんグラフを作成した後に，X 軸の表示のみを更新するイメージです．

表 7.3　X 軸のレイアウトを指定するプロパティ

名前	概要
xaxis.tickvals	X 軸に割り当てるリスト
xaxis.ticktext	X 軸に表示するリスト

　xaxis.tickvals プロパティで X 軸に割り当てる日付のリストを半分に，xaxis.ticktext プロパティで X 軸に表示するリストを MM-DD の形式で作成してます．

> **知っておきたい！Python 文法**
>
> 　リスト型の変数は，後ろに [::n] と記述することで，インデックスが n の倍数のものだけを抽出することができます．[::2] はインデックスが 2 の倍数のものだけを抽出するので，リストを半分にできます．[::3] も同様の処理でリストを 1/3 にできます．大量のデータを小さくする手軽な処理として覚えておいてください．

レイアウトを更新した後，図 7.6 のように show メソッドでチャートを表示します．表示されたチャートでは，非営業日のデータは表示されず，X 軸の日付も MM-DD で表示されていることが確認できます．

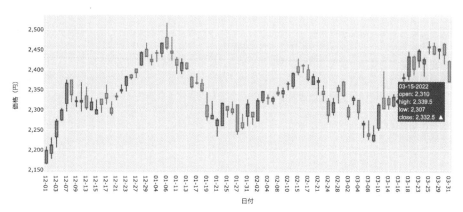

1928 積水ハウス

図 7.6　日付の表示形式の変更

7.1.5 移動平均線を表示する

移動平均線は，折れ線グラフのデータを生成する plotly.graph_objs の Scatter メソッドを利用します．Scatter メソッドの構文は次のとおりです．

[構文 7.8] Scatter メソッド

```
go.Scatter(x=%X 軸の値 %, y=%Y 軸のシリーズ %, name=% 名前 %, line=% 表示オプション %)
```

折れ線グラフなので，X 軸と Y 軸の値を指定します．表示オプションは，ハッシュで表 7.4 の項目を設定できます．

表 7.4　表示オプション

名前	概要
color	線の色
width	線の太さ

表示オプションに関しては，折れ線グラフだけでなくほかのチャートでも同様の仕様があります．作成した移動平均線のデータを表示するデータのリスト追加してグラフを表示します（図 7.7）．

[リスト7.9] 移動平均線の表示（Ch7_1_c.ipynb 抜粋）

```
# 前略

import talib as ta

data = [
        # ローソク足
        go.Candlestick(x=rdf.index, open=rdf["Open"], high=rdf["High"],
            low=rdf["Low"], close=rdf["Close"],
            increasing_line_color="red", decreasing_line_color="gray"),
        # 5日移動平均線
        go.Scatter(x=rdf.index, y=rdf["ma5"], name="MA5",
            line={ "color": "royalblue", "width": 1.2 } ),
        # 25日移動平均線
        go.Scatter(x=rdf.index, y=rdf["ma25"], name="MA25",
            line={ "color": "lightseagreen", "width": 1.2 } )
]

fig = go.Figure(data = data, layout = go.Layout(layout))

# 後略
```

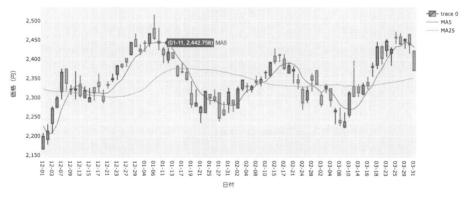

図7.7　移動平均線の表示

　移動平均線が表示されることと，マウスオーバー時に移動平均線の名前，X軸の値，Y軸の値が表示されることを確認してください．

7.1.6　ゴールデンクロスとデッドクロスを表示する

　5日移動平均線と25日移動平均線を表示した後は，2つの線のゴールデンクロスとデッドクロスを表示します．ゴールデンクロスとデッドクロスは，グラフ上の点で表示しま

す．Plotly でも mplfinance と同様に，グラフ上の点は**マーカー**というオブジェクトで扱います．マーカーの表示は，Scatter メソッドの表 7.5 のプロパティを指定して行います．

表 7.5　マーカーを表示するプロパティ

名前	概要
mode	グラフの種類，lines（線：既定）／markers（マーカー）／makers + text（マーカーとテキスト）から 1 つ指定
opacity	透明度（0 ～ 1）
marker	表示オプション

　グラフ上にマーカーを表示する場合は，線の上に表示するケースが多いです．そのような場合は，opacity プロパティで透明度を指定して，マーカーを透過させてマーカーの下にある線が見えるようにします．表示オプションについては，ハッシュで指定します．ハッシュのおもなキーは，表 7.6 のとおりです．

表 7.6　マーカーの表示オプション

名前	概要
size	サイズ
color	色
symbol	種類

　サイズに関しては，ディスプレイの解像度やブラウザのウィンドウのサイズが影響するので，マーカーを表示させて調整してください．

　マーカーの形状に関しては，公式サイトのサンプルコード（https://plotly.com/python/marker-style/）で利用できるマーカーの種類の一覧を確認できますが，以下のサンプルコードにも同じものを納めています．

[リスト 7.10] マーカーの一覧表示（Ch7_1_d.ipynb 抜粋）

```python
import plotly.graph_objects as go
from plotly.validators.scatter.marker import SymbolValidator
raw_symbols = SymbolValidator().values
namestems = []
namevariants = []
symbols = []
for i in range(0,len(raw_symbols),3):
    name = raw_symbols[i+2]
    symbols.append(raw_symbols[i])
    namestems.append(name.replace("-open", "").replace("-dot", ""))
    namevariants.append(name[len(namestems[-1]):])
fig = go.Figure(go.Scatter(mode="markers", x=namevariants, y=namestems,
```

```
          marker_symbol=symbols,
          marker_line_color="midnightblue", marker_color="lightskyblue",
          marker_line_width=2, marker_size=15,
          hovertemplate="name: %{y}%{x}<br>number:
          %{marker.symbol}<extra></extra>"))
fig.update_layout(title="Mouse over symbols for name & number!",
          xaxis_range=[-1,4], yaxis_range=[len(set(namestems)),-1],
          margin=dict(b=0,r=0), xaxis_side="top", height=1400, width=400)
fig.show()
```

サンプルコードを実行すると，図7.8のように利用できるマーカーの一覧が表示されます.

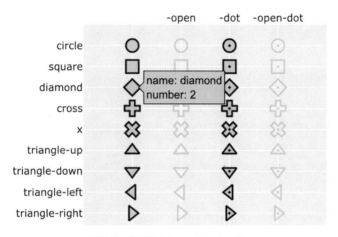

図7.8　利用できるマーカーの一覧

一覧内のマーカー上でマウスオーバー時に表示される「name」または「number」を引数のsymbolに指定することで，該当するマーカーをグラフに表示できます．無指定の場合は○ (circle) になります.

　上記のことを踏まえて，ゴールデンクロスとデッドクロスを表示する処理は，次のように書くことができます.

[リスト 7.11] ゴールデンクロスとデッドクロスの表示（Ch7_1_d.ipynb 抜粋）

```python
# 前略

code = 1928
df = get_stock_data(code)
close = df["Close"]

# 5 日，25 日移動平均の算出
ma5, ma25 = ta.SMA(close, timeperiod=5), ta.SMA(close, timeperiod=25)
df["ma5"], df["ma25"] = ma5, ma25

ma5, ma25 = df["ma5"], df["ma25"]
cross = ma5 > ma25

cross_shift = cross.shift(1)
temp_gc = (cross != cross_shift) & (cross == True)
temp_dc = (cross != cross_shift) & (cross == False)

# ゴールデンクロス発生日であれば MA5 の値，それ以外は NaN
gc = [m if g == True else np.nan for g, m in zip(temp_gc, ma5)]

# デッドクロス発生日であれば MA25 の値，それ以外は Nan
dc = [m if d == True else np.nan for d, m in zip(temp_dc, ma25)]

# データフレームのカラムとして保存
df["gc"], df["dc"] = gc, dc

# 中略

data = [
    # ローソク足
    go.Candlestick(x=rdf.index, open=rdf["Open"], high=rdf["High"],
        low=rdf["Low"], close=rdf["Close"],
        increasing_line_color="red", decreasing_line_color="gray"),
    # 5 日移動平均線
    go.Scatter(x=rdf.index, y=rdf["ma5"], name="MA5",
        line={ "color": "royalblue", "width": 1.2 } ),
    # 25 日移動平均線
    go.Scatter(x=rdf.index, y=rdf["ma25"], name="MA25",
        line={ "color": "lightseagreen", "width": 1.2 } ),
    # ゴールデンクロス
    go.Scatter(x=rdf.index, y=rdf["gc"], name="Golden Cross",
        opacity = 0.5, mode="markers",
        marker={ "size": 15, "color": "purple" }),
    # デッドクロス
    go.Scatter(x=rdf.index, y=rdf["dc"], name="Dead Cross",
        mode="markers", opacity = 0.8,
        marker={ "size": 15, "color": "black", "symbol": "x" })
]
```

```
fig = go.Figure(layout = go.Layout(layout), data = data)
# 後略
```

　ゴールデンクロスを透明度 0.5 の紫の○，デッドクロスを透明度 0.8 の黒の×で表示します．サンプルを実行すると，図 7.9 のチャートが表示されます．

　ゴールデンクロスとデッドクロスの位置に，それぞれ該当するマーカーが表示されていることが確認できます．マウスオーバーすると，日付と値が表示されます．

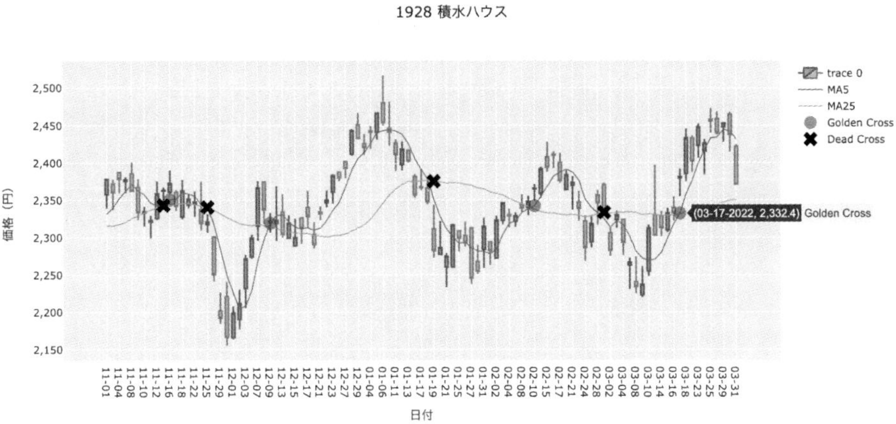

図 7.9　ゴールデンクロスとデッドクロスの表示

7.1.7 ボリンジャーバンドを表示する

　Plotly でボリンジャーバンドも表示してみます．ボリンジャーバンドの $-2\sigma \sim +2\sigma$ までの線をチャートに表示すると，チャート自体が見にくくなってしまいます．そこで，ボリンジャーバンドは株価の変動範囲の目安であることを考慮して，図 6.10 と同様に，-2σ と $+2\sigma$ で囲われた部分に色をつけて株価の上限と下限の範囲がわかるようにします．グラフ内の線と線の間を塗りつぶす場合は，Scatter メソッドの表 7.7 のプロパティを利用します．

表 7.7　グラフに色をつけるプロパティ

名前	概要
fill	塗りつぶしのパターン
fillcolor	塗りつぶしの色

表 7.8　fill プロパティの値

名前	概要
tozeroy	線より下，0 から Y の値まで
tonexty	線より上，次の線の Y の値まで

fill プロパティで指定する塗りつぶしのパターンは，表 7.8 の値で，線と線の間をどの方向でその範囲まで塗りつぶすかを指定します（図 7.10）．

[リスト 7.12] ボリンジャーバンドの表示（Ch7_1_e.ipynb 抜粋）

```
# 前略

# ボリンジャーバンドの算出
upper2, _, lower2 = ta.BBANDS(close, timeperiod=25,
                         nbdevup=2, nbdevdn=2, matype=0)
df['upper2'], df['lower2'] = upper2, lower2

# 中略
data = [
        # ローソク足
        go.Candlestick(x=rdf.index, open=rdf["Open"], high=rdf["High"],
            low=rdf["Low"], close=rdf["Close"],
            increasing_line_color="red", decreasing_line_color="gray"),
# 中略
        # ボリンジャーバンド
        go.Scatter(x=rdf.index ,y=rdf["upper2"], name= "",
            line={ "color": "lavender", "width": 0 }),
        go.Scatter(x=rdf.index ,y=rdf["lower2"], name= "BB",
            line={ "color": "lavender", "width": 0},
            fill="tonexty", fillcolor="rgba(170,170,170,.2)")
]

# 後略
```

ボリンジャーバンドは株価の変動幅の目安なので，上限と下限がわかる表示で十分です．線で表示したい場合は，リスト 7.11 で見た移動平均線の表示と同様に，Scatter メソッドの引数を変更して折れ線グラフの表示にしてください．

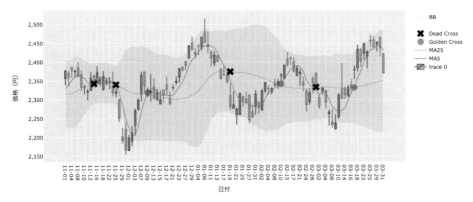

1928 積水ハウス

図 7.10　ボリンジャーバンドの表示

7.1.8 出来高を表示する

　出来高は，チャートとは別の領域を設けてそこに棒グラフで表示します．領域を分ける場合は，レイアウトを定義するハッシュの中で，yaxis プロパティを yaxis1，yaxis2,...,yaxis%n% と定義して，Y 軸方向に n 個の領域に区切って領域を分ける方法を用います．そのイメージは図 7.11 のとおりです．

　上記のように領域を分けるレイアウトは，ハッシュで次のように定義できます．

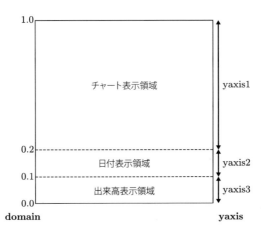

図 7.11　yaxis プロパティによる領域の定義

[リスト7.13] 領域を分けるレイアウトの定義（Ch7_1_f.ipynb 抜粋）

```
# 前略

layout = {
        "height":800,
        "title": { "text": "{}".format(code), "x":0.5 },
        "xaxis": { "title": " 日付 ",
        "rangeslider": { "visible": False } },
        "yaxis1": { "domain": [.20, 1.0], "title": " 価格（円）",
                        "side": "left", "tickformat": "," },
        "yaxis2": {"domain": [.10, .20] },
        "yaxis3": {"domain": [.00, .10], "title": "Volume",
        "side":"right"},"plot_bgcolor":"light blue"
}

# 後略
```

　領域を定義する yaxis%n% プロパティの中で，domain プロパティで割合を指定します．

　指定した領域に合わせて表示するデータは，Scatter メソッドの引数の yaxis プロパティの値で指定します．yaxis%n% の領域は「y%n%」の書式で yaxis の値に指定します．

　出来高の棒グラフは，Bar メソッドで表示します．メソッドの引数は Scatter メソッドと同じです．

[リスト7.14] 出来高の表示（Ch7_1_f.ipynb 抜粋）

```
# 前略

data =  [
    # ローソク足
    go.Candlestick(yaxis="y1", x=rdf.index, open=rdf["Open"],
        high=rdf["High"], low=rdf["Low"], close=rdf["Close"],
        increasing_line_color="red", decreasing_line_color="gray"),
    # 5 日移動平均線
    go.Scatter(yaxis="y1", x=rdf.index, y=rdf["ma5"], name="MA5",
        line={ "color": "royalblue", "width": 1.2 } ),
    # 25 日移動平均線
    go.Scatter(yaxis="y1", x=rdf.index, y=rdf["ma25"], name="MA25",
        line={ "color": "lightseagreen", "width": 1.2 } ),
    # ゴールデンクロス
    go.Scatter(yaxis="y1", x=rdf.index, y=rdf["gc"], name="Golden Cross",
        opacity = 0.5, mode="markers",
        marker={ "size": 15, "color": "purple" }),
    # デッドクロス
    go.Scatter(yaxis="y1", x=rdf.index, y=rdf["dc"], name="Dead Cross",
        mode="markers", opacity = 0.8,
```

```
        marker={ "size": 15, "color": "black", "symbol": "x" })
    # ボリンジャーバンド
    go.Scatter(yaxis="y1", x=rdf.index ,y=rdf["upper2"], name= "",
        line={ "color": "lavender", "width": 0 }),
    go.Scatter(yaxis="y1", (x=rdf.index ,y=rdf["lower2"], name= "BB",
        line={ "color": "lavender", "width": 0},
        fill="tonexty", fillcolor="rgba(170,170,170,.2)")
    # 出来高
    go.Bar(yaxis="y3", x=rdf.index, y=rdf["Volume"], name= "Volume",
        marker={ "color": "slategray" } )
]

# 後略
```

ローソク足，移動平均線，ゴールデンクロス，デッドクロス，ボリンジャーバンドは yaxis1 の領域に表示するので，yaxis の値に「y1」を指定します．出来高は yaxis3 の領域に指定するので，「y3」を指定します．各データに対して yaxis を指定することを忘れないでください．

サンプルを実行すると，図 7.12 のチャートが表示されます．

チャートの下に定義した領域に出来高が表示されます．出来高の右側に表示されている M は，Million（100 万）の略です．

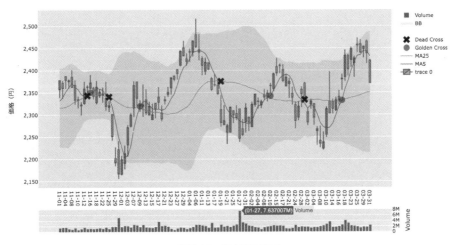

図 7.12　出来高の表示

7.1.9 MACD, RSI, ストキャスティクスを表示する

　MACD，RSI，ストキャスティクスの各テクニカル指標も，出来高と同様に領域を分けて1つのチャートとして表示します．図7.13のようにレイアウトを定義します．

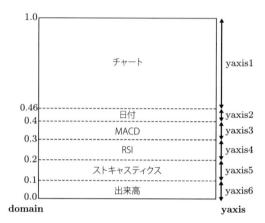

図7.13　表示する領域の確認

[リスト7.15] MACD, RSI, ストキャスティクスの表示（Ch7_1_g.ipynb抜粋）

```
# 前略

layout = {
    "height":1000,
    "title": { "text": "{} {}".format(code, name), "x": 0.5 },
    "xaxis": { "rangeslider": { "visible": False } },
    "yaxis1": { "domain": [.46, 1.0], "title": " 価格 (円)",
                "side": "left", "tickformat": "," },
    "yaxis2": { "domain": [.40, .46] },
    # MACD
    "yaxis3": { "domain": [.30, .395], "title": "MACD", "side":"right"},
    # RSI
    "yaxis4": { "domain": [.20, .295], "title": "RSI", "side":"right"},
    # ストキャスティクス
    "yaxis5": { "domain": [.10, .195], "title": "STC", "side":"right"},
    # 出来高
    "yaxis6": { "domain": [.00, .095], "title": "Volume", "side":"right"},
    "plot_bgcolor":"light blue"
}

# 後略
```

領域が続けて表示されるとグラフの区別がつかなくなるので，yaxis2 ～ yaxis6 の間に 0.05 だけスペースを設けています．

　領域を定義した後に MACD，RSI，ストキャスティクスの計算と補助線のカラムを作成します．

[リスト 7.16] MACD，RSI，ストキャスティクスの計算（Ch7_1_g.ipynb 抜粋）

```
# 前略

# MACD，シグナル，ヒストグラムを算出
macd, macdsignal, hist = ta.MACD(close, fastperiod=12,
                                 slowperiod=26, signalperiod=9)
df["macd"] = macd
df["macd_signal"] = macdsignal
df["hist"] = hist

# RSI
rsi14 = ta.RSI(close, timeperiod=14)
rsi28 = ta.RSI(close, timeperiod=28)
df["rsi14"], df["rsi28"] = rsi14, rsi28

df["70"], df["30"] = [70 for _ in close], [30 for _ in close]

# ストキャスティクス
slowK, slowD = ta.STOCH(df["High"], df["Low"], df["Close"],
                fastk_period=5, slowk_period=3,
                slowk_matype=0, slowd_period=3,
                slowd_matype=0)
df["slowK"], df["slowD"] = slowK, slowD

# 補助線
df["80"], df["20"] = [80 for _ in close], [20 for _ in close]

# 後略
```

作成したデータを yaxis1 ～ yaxis6 の各領域に表示します．

[リスト 7.17] 各領域でのチャート表示（Ch7_1_g.ipynb 抜粋）

```
# 前略

data = [
        # ローソク足
        go.Candlestick(yaxis="y1", x=rdf.index, open=rdf["Open"],
            high=rdf["High"], low=rdf["Low"], close=rdf["Close"],
            increasing_line_color="red", decreasing_line_color="gray"),
        # 5日移動平均線
        go.Scatter(yaxis="y1", x=rdf.index, y=rdf["ma5"], name="MA5",
            line={ "color": "royalblue", "width": 1.2 } ),
```

```
# 25 日移動平均線
go.Scatter(yaxis="y1", x=rdf.index, y=rdf["ma25"], name="MA25",
    line={ "color": "lightseagreen", "width": 1.2 } ),
# ゴールデンクロス
go.Scatter(yaxis="y1", x=rdf.index, y=rdf["gc"],
    name="Golden Cross",
    opacity = 0.5, mode="markers",
    marker={ "size": 15, "color": "purple" }),
# デッドクロス
go.Scatter(yaxis="y1", x=rdf.index, y=rdf["dc"],
    name="Dead Cross",
    mode="markers", opacity = 0.8,
    marker={ "size": 15, "color": "black", "symbol": "x" })
# ボリンジャーバンド
go.Scatter(yaxis="y1", x=rdf.index, y=rdf["upper2"], name= "",
    line={ "color": "lavender", "width": 0 }),
go.Scatter(yaxis="y1", (x=rdf.index, y=rdf["lower2"],
    name= "BB", line={ "color": "lavender", "width": 0},
    fill="tonexty", fillcolor="rgba(170,170,170,.2)")

# MACD
go.Scatter(yaxis="y3", x=rdf.index, y=rdf["macd"],
    name= "macd",ine={ "color": "magenta", "width": 1 }),
go.Scatter(yaxis="y3" ,x=rdf.index, y=rdf["macd_signal"],
    name= "signal",line={ "color": "green", "width": 1 }),
go.Bar(yaxis="y3", x=rdf.index, y=rdf["hist"],
    name= "histgram", marker={ "color": "slategray" }),

# RSI
go.Scatter(yaxis="y4", x=rdf.index, y=rdf["rsi14"],
    name= "RSI14",
    line={ "color": "magenta", "width": 1 }),
go.Scatter(yaxis="y4", x=rdf.index, y=rdf["rsi28"],
    name= "RSI28",
    line={ "color": "green", "width": 1 }),
# 補助線
go.Scatter(yaxis="y4", x=rdf.index, y=rdf["30"], name= "30",
    line={ "color": "black", "width": 0.5 }),
go.Scatter(yaxis="y4", x=rdf.index, y=rdf["70"], name= "70",
    line={ "color": "black", "width": 0.5 }),

# ストキャスティクス
go.Scatter(yaxis="y5", x=rdf.index, y=rdf["slowK"],
    name= "slowK",
    line={ "color": "magenta", "width": 1 }),
go.Scatter(yaxis="y5", x=rdf.index, y=rdf["slowD"],
    name= "slowD",
    line={ "color": "green", "width": 1 }),
```

```
        # 補助線
        go.Scatter(yaxis="y5", x=rdf.index, y=rdf["20"], name= "20",
            line={ "color": "black", "width": 0.5 }),
        go.Scatter(yaxis="y5", x=rdf.index, y=rdf["80"], name= "80",
            line={ "color": "black", "width": 0.5 }),

        # 出来高
        go.Bar(yaxis="y6", x=rdf.index, y=rdf["Volume"], name= "Volume",
            marker={ "color": "slategray" })
    ]

# 後略
```

サンプルを実行すると，図 7.14 のようにチャートが表示されます．

各テクニカル指標の値がマウスオーバー時に表示されることを確認してください．デザインの自由度が高いことやマウスオーバー時に値がチップで表示されることなど，株価とテクニカル指標の関係を考察するのに向いたチャートを作成できるのが，Plotly の強みです．

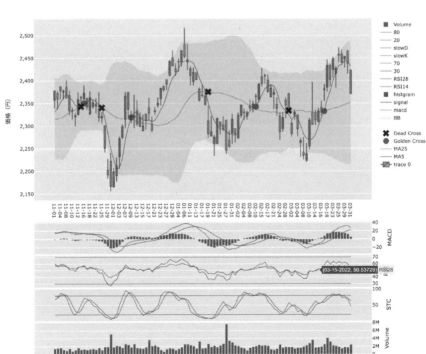

図 7.14　MACD, RSI, ストキャスティクスの表示

ここで紹介したチャート描画の手法は，比較的基本的なものです．ほかにもさまざまな手法があるので，ぜひとも Plotly を使いこなして自分のわかりやすいチャートを作成してみてください．

7.2 分析結果の保存

　せっかく株価分析を行ったので，その結果を保存していつでも参照できるようにしておきましょう．この節では，チャート自体の保存とデータフレームの保存について例をあげて解説します．

7.2.1 チャートの保存

　Plotly ライブラリは，JavaScript と CSS でグラフを描画します．したがって，チャート自体は HTML で作成されています．この HTML をファイルとして出力することで，チャート自体をファイルとして保存することができます．Figure オブジェクトのwrite_html メソッドは，グラフの内容を HTML ファイルとして出力します．write_html メソッドの構文は次のとおりです．

[構文 7.18] write_html メソッド

```
% Figure オブジェクト %.write_html(% ファイル名 %)
```

　Google ドライブを参照可能にした後に write_html メソッドを実行することで，グラフを HTML ファイルとして Google ドライブ内に出力することができます．
　前項のサンプルの最後の行に write_html メソッドを実行する処理を追加します．

[リスト 7.19] ファイルの出力（Ch7_2.ipynb 抜粋）

```
# 前略

fig["layout"].update({
  "xaxis":{
      "tickvals": index[1::2]
      "ticktext": [x.split("-")[0] + "-" + x.split("-")[1]
          for x in rdf.index[1::2]],
      }
})
fig.show()
fig.write_html("{}_{}.html".format(name, code))
```

　サンプルコードを実行すると，図 7.15 のように，「銘柄名_銘柄コード.html」のフォーマットでチャートが HTML ファイルとして Google ドライブ内に保存されます．

図 7.15　出力された HTML ファイル

実行から保存まで若干時間がかかることもあります.

出力された HTML ファイルを開き，チャートが表示されることを確認してください（図 7.16）.

Google ドライブに保存することで，Google Colaboratory に未対応のスマートフォンやタブレットからも株価分析の結果を確認することができます.

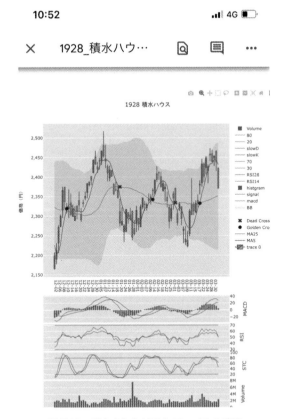

図 7.16　出力された HTML ファイルの確認

Plotly は，チャートを画像として出力することもできます．ですが，画像出力の場合はブラウザの
ウィンドウサイズを正確に検出できないためか，Google Colaboratory 上とは異なったアスペクト
比で保存されることもあります．このことを回避するために，本書のサンプルでは HTML ファイル
でチャートを保存する方法を採っています．

7.2.2 データフレームの保存

チャートではなく，分析結果を格納したデータフレーム自体を保存する方法もありま
す．前項の手順と同様に Google ドライブに接続して CSV ファイルに出力することで，
データフレームを保存できます．これには Pandas の to_csv メソッドを利用します．
to_csv メソッドの構文は次のとおりです．

[構文 7.20] to_csv メソッド

```
%データフレーム%.to_csv(%ファイル名%)
```

サンプルコードで分析結果を格納したデータフレームは，変数名「df」で扱っている
ので，次のように to_csv メソッドを実行することで，Google ドライブに CSV ファイ
ルとして保存できます．

[リスト 7.21] CSV ファルの出力（Ch7_2.ipynb 抜粋）

```
df.to_csv("{}_{}.csv".format(code, name))
```

サンプルを実行すると，「銘柄名_銘柄コード.csv」の名前で CSV ファイルが生成さ
れます（図 7.17）．

マイドライブ ＞ **data** ▾

名前 ↓		オーナー
📄 1928_積水ハウス.csv		自分

CSV ファイル

図 7.17 出力された CSV ファイル

CSV ファイルからデータフレームを生成する場合は，次のように read_csv メソッド
でファイル名を指定します．

[リスト 7.22] CSV ファイルからデータフレームを生成（Ch7_2.ipynb 抜粋）

```
df = pd.read_csv("{}_{}.csv".format(code, name))
df.index = df["Date"]
```

データフレームを保存した CSV ファイルには，インデックス情報までは保存されません．このため，CSV ファイルからデータフレームを生成する場合は，index プロパティに Date カラムを割り当ててインデックスを定義することを忘れないでください．

7.3 さらなる可視化

Plotly 以外の，株価分析で使えそうなライブラリをいくつか紹介します．

7.3.1 複数の銘柄の株価データを取得する yfinance

yfinance は，米国 Yahoo! Finance の API を利用できるライブラリです．株価データを取得する際に，複数の銘柄のデータをまとめて取得したり，株価以外の日経平均や S&P500 などの経済指標データを取得できます．

[リスト 7.23] yfinance のインストール（Ch7_3.ipynb 抜粋）

```
!pip install yfinance
```

yfinance で株価データを取得するには，次の download メソッドを利用します．

[構文 7.24] download メソッド

```
% 株価データ % = %yfinance オブジェクト %.
            download(% 銘柄または銘柄のリスト %,
                start=% 開始日付 %, end=% 終了日付 %)
```

複数の銘柄を取得する場合には，銘柄をリストにして実行します．戻り値は，OHLCV に加えて **Adj Close** のカラムをもつデータフレームです．

Adj Close とは調整後終値のことで，株式や ETF の分割や分配金を考慮した終値のことです．

yfinance を利用して複数の銘柄の株価データを取得してグラフ化するサンプルは，次のようになります．

[リスト 7.25] 複数の株価の取得と表示（Ch7_3.ipynb 抜粋）

```
import plotly.express as px
import yfinance as yf
import datetime

start = datetime.date(2004,1,1)
end  = datetime.date(2022,3,31)

# 株価データ取得
# ソフトバンクグループ，ファーストリテイリング，日経平均株価
df = yf.download(["9984.T", "9983.T", "^N225"],
        start=start, end=end)["Adj Close"]

# 調整後終値をプロット
df.plot()
```

　取得した複数の株価データは，図 7.18 のようにカラムが 2 段になった構造をしています．

	Adj Close	Adj Close	Adj Close	Close	Close	Close	High	High	High
Date	9983.T	9984.T	^N225	9983.T	9984.T	^N225	9983.T	9984.T	^N225
2004-04-01	7212.0	808.0	11683.0	8910.0	888.0	11683.0	9100.0	895.0	11814.0
2004-04-02	7067.0	818.0	11816.0	8730.0	900.0	11816.0	9000.0	923.0	11844.0
2004-04-05	7026.0	865.0	11958.0	8680.0	952.0	11958.0	8850.0	960.0	12004.0
2004-04-06	6775.0	844.0	12080.0	8370.0	928.0	12080.0	8640.0	958.0	12096.0

カラム「Adj Close」

図 7.18　複数の株価データの表示

　カラム「Adj Close」を参照することで，各銘柄の調整後終値のシリーズを得ることができます．また，このカラムのデータをプロットすることで，図 7.19 のように複数の銘柄の調整後終値をグラフに表示できます．

　サンプルでは日経平均株価や他銘柄との比較を行っています．似た企業の銘柄や経済指標との比較などをすぐに行えるので便利です．

❗用語

　日経平均株価とは，日本経済新聞社が，東京証券取引所プライム市場上場銘柄から選定した 225 銘柄から構成される平均株価のことです．日本の株式市場の動きを把握するための代表的な指標の 1 つです．

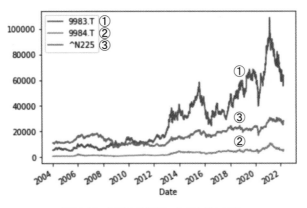

図 7.19　複数の株価データの取得と比較

7.3.2　トレンドラインを引く plotly.express

plotly.express は Plotly ライブラリを拡張した高度なグラフを描画できるライブラリです．Plotly と同様に，Google Colaboratory に標準で搭載されています．

plotly.express の機能の1つに**線形回帰**があります．

データ分析でいう回帰とは，簡単にいうと，データの特徴や性質から何らかの数値を予測することです．線形回帰とは，データの特徴や性質を分析し，その傾向を直線で表すことをいいます．この直線は，散布図内のプロットからの距離の2乗が最小になるように計算され，**回帰直線**とよばれます．

plotly.express を利用すると，日付と終値から株価の傾向を分析し，回帰直線を表示することができます．

plotly.express では，回帰直線のように分析の傾向として表示する線のことをトレンドライン（trendline）という言葉で扱います．plotly.express におけるトレンドラインは，株価分析で使うトレンドラインとは意味が違うので気をつけてください．

plotly.express の散布図を表示する Scatter メソッドにオプションをつけることで，回帰直線を表示できます．Scatter メソッドの構文は次のとおりです．

[構文 7.26] Scatter メソッド

```
%Figure オブジェクト% = %plotly.express オブジェクト%.scatter(
                %データフレーム%,
                x=%X 軸の値%,
                y=%Y 軸に表示するカラム名%,
                trendline="ols")
```

trendline プロパティの値に「ols」を指定すると，線形回帰を行うことができます．ほかの分析を行うオプションもありますが，本書の範囲を超えるので，ここでは線形回帰のみ利用します．

2004 年 1 月 ～ 2022 年 3 月までの日経平均株価のトレンドラインは，次のようにして表示できます（図 7.20）．

[リスト 7.27] トレンドラインの表示（Ch7_3.ipynb 抜粋）

```
import plotly.express as px
import yfinance as yf
import datetime

start = datetime.date(2004,1,1)
end   = datetime.date(2022,3,31)

df = yf.download("^N225", start=start, end=end)   # 日経平均
fig = px.scatter(df, x=df.index, y="Close", trendline="ols")
fig.show()
```

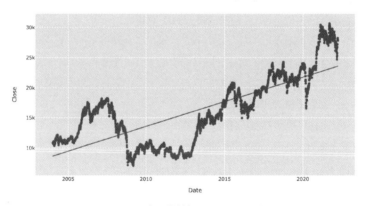

図 7.20　日経平均株価のトレンドライン

図 7.20 を見ると，全期間を通して日経平均株価は上昇傾向にあることがわかります．

7.3.3 株価を予想する Prophet

Meta（旧 Facebook）が公開している時系列予測ライブラリ Prophet を利用すると，過去の株価データから今後の株価を予想できます．ただし，過去の株価だけで将来の株価をすべて予想できるとは限らないので，あくまで参考として利用してください．Prophet のインストールは pip で行います．

```
!pip install prophet
```

Prophet のおもなメソッドは，表 7.9 のとおりです．データフレームと期間を設定して予想を行うという 3 つの手順のメソッドです．

表 7.9　Prophet のおもなメソッド

メソッド	概要
fit(% データフレーム %) make_future_dataframe(periods=% 期間 %) predict(% 予想オブジェクト %)	データフレームをセットする 指定した期間（日）で予測を行う make_future_dataframe メソッドの戻り値から 結果を取得する

Prophet で予測を行うデータは，表 7.10 のカラムをもつデータフレームです．

表 7.10　Prophet のカラム

カラム名	概要
ds	日付
y	予想を行う値

今度 1 年間の日経平均の予想を行うサンプルは次のようになります．

[リスト 7.29] 日経平均株価の予想（Ch7_3.ipynb 抜粋）

```
from prophet import Prophet

# 中略

# yfinance で日経平均のデータを取得する処理

df["ds"] = df.index   # ds カラムに日付を格納
df = df.rename(columns={"Close": "y"})   # Close カラムの名前を y に変更

prop = Prophet()
prop.fit(df)   # データフレームをセット
future = prop.make_future_dataframe(periods=365)   # 365 日の期間を設定
forecast = prop.predict(future)   # 予想を実行
fig = prop.plot(forecast)   # 結果の取得と表示
fig.show()
```

可視化を行うライブラリに共通して実装されている plot メソッドと show メソッドを実行して，予測結果をグラフに表示します（図 7.21）．

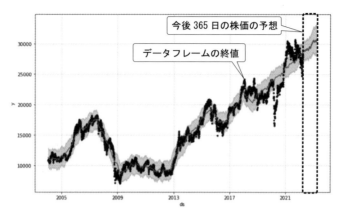

図 7.21　日経平均株価の予想

　グラフの黒い点がデータフレームの終値です．右側の破線で囲った部分が今後 365
日の株価の予想です．ただし，この実行結果はあくまで目安と考えてください．

⬤ まとめ

　本章では，株価データと算出したテクニカル指標をインタラクティブなグラフに表示
しました．分析結果を可視化することで，理論どおりの結果になっているか確認したり，
条件による変化がわかることもあります．

　章の最後に例をあげたように，株価データの比較や予想を行うこともできます．株価
データを分析する際には，1 銘柄のデータだけでなく複数の銘柄で行うほうが確実で
す．その意味でも，自由度の高い可視化や比較から予想までを手軽に行えることは非常
に重要です．可視化することで分析結果が一目でわかることをぜひ実感してください．

よく利用される売買戦略

この章の目標 どのタイミングで売買すればよいかを学びましょう.

8.1 移動平均線と株価の関係

株価の動きを判断するうえで,最も重視されるのが移動平均線です.移動平均線と株価の位置関係から株価の先行きを予測するグランビルの法則について学びましょう.

8.1.1 グランビルの法則

グランビルの法則とは,米国の著名な株式アナリストである J. E. グランビル氏が考案した,移動平均線と株価の位置関係を利用して株価の先行きを予測するテクニカル手法です.予測した株価の先行きから適切なタイミングで売買を行うことが,最終的な目的です.

グランビルの法則で利用する移動平均線は 200 日線です.200 日は株式市場の 1 年の営業日に相当するほど長い期間です.200 日移動平均線に対して,買いと売りの観点からそれぞれ 4 つの法則が定義されています.まずは,これらについて説明します.

[**買いシグナル**]

買いシグナルは,おもに上昇中の 200 日移動平均線と株価の位置関係で決まります(図 8.1).

①移動平均線が下降から上昇あるいは横ばいになり,株価が移動平均線を下から上に抜いた場合

②上昇中の移動平均線を株価が下回った場合

③上昇中の移動平均線に向けて株価が下落したものの,移動平均線に触れる前に株価が上がった場合

④移動平均線から株価が下方向に大きく乖離した場合

図8.1 買いシグナル

［売りシグナル］

売りシグナルは，おもに下降中の200日移動平均線と株価の位置関係で決まります（図8.2）．

図8.2 売りシグナル

①移動平均線が上昇から下降あるいは横ばいになり，株価が移動平均線を上から下に抜いた場合

②下降中の移動平均線を株価が上回った場合

③下降中の移動平均線に向けて株価が上昇したものの，移動平均線に触れる前に株価が下がった場合

④移動平均線から株価が上方向に大きく乖離した場合

株価が移動平均線への収束と収束した後に離れていく動きで，買いと売りのタイミングを判断するとわかりやすいです．

8.1.2 チャートでの確認

実際に，グランビルの法則を200日移動平均線と終値の折れ線グラフで確認してみます．

［例 1 日本製鉄のチャート］

日本製鉄 (5401) の 2020 年 1 月 〜 2022 年 3 月の株価データで，200 日移動平均線と終値のチャートを作成します．200 日移動平均は TA-Lib の SMA メソッドで算出します．

［リスト 8.1］日本製鉄（5401）のチャート（Ch8_1.ipynb 抜粋）

```python
import plotly.graph_objs as go
import talib as ta
import datetime as dt
import pandas as pd

# 株価データを取得して 200 日移動平均を算出
code = 5401
name = " 日本製鉄 "
df = get_stock_data(code)
df["ma200"] = ta.SMA(df["Close"], timeperiod=200)

rdf = df[dt.datetime(2020,1,1):dt.datetime(2022,3,31)]
rdf.index = pd.to_datetime(rdf.index).strftime("%m-%d-%Y")

# 200 日線と終値を折れ線グラフで表示
layout = { "height": 600,
           "title"  : { "text": "{} {}".format(code, name), "x":0.5 },
           "xaxis" : { "rangeslider": { "visible": False } },
           "yaxis": { "title": " 価格 (円)", "side": "left",
                      "tickformat": "," },
           "plot_bgcolor":"light blue" }

data =  [
            go.Scatter(x=rdf.index, y=rdf["ma200"], name="MA200",
                       line={ "color": "orange", "width": 2 }),
            go.Scatter(x=rdf.index, y=rdf["Close"], name="Close",
                       line={ "color": "green", "width": 2 }),
        ]

fig = go.Figure(layout = go.Layout(layout), data = data)

# X 軸日付調整
fig.update_layout({
  "xaxis":{
     "ticktext": [x.split("-")[0] + "-" + x.split("-")[1] for x
                                            in rdf.index[::20]],
     "tickvals": [x for x in rdf.index[::20]]
     }
})
f = go.Figure(fig)
f.show()
```

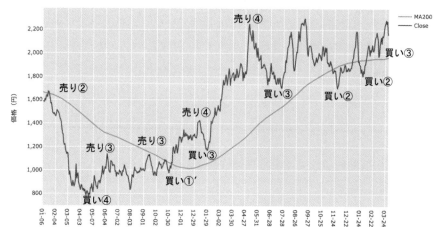

図8.3 日本製鉄の2020年1月〜2022年3月のチャート

サンプルを実行すると，図8.3のチャートが表示されます．

200日線に対して，買いと売りの各シグナルがグランビルの法則どおりに観測できます．基本的に，200日線が上向きの場合に買いのシグナルに，下向きの場合に売りのシグナルに注目します．

「買い①′」については200日線がまだ下向きのままなので，グランビルの法則どおりに判断すると，まだ買いのシグナルではありません．ただし，その前に終値が何度も200日線に接近と離反を繰り返しているので，そろそろ200日線を越えそうです．このような場合には，200日線を平滑移動平均線で表示してみましょう．平滑移動平均線はTA-LibのEMAメソッドで算出できます（図8.4）．

[リスト8.2] 200日線を平滑移動平均で表示（Ch8_1.ipynb 抜粋）

```
# 前略

df["ma200"] = ta.EMA(df["Close"], timeperiod=200)

# 後略
```

200日線を平滑移動平均線で表示すると，「買い①′」の部分は200日線が横向きからわずかに上昇しているので，ここは「買い①」だと判断できます．そのほかの番号を振った部分も，よりグランビルの法則の例に沿ったように表示されます．グランビルの法則から少し外れますが，判断を迷う場合は平滑移動平均線を利用してシグナルを判断する

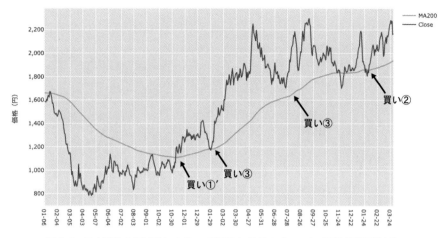

5401 日本製鉄

図 8.4　日本製鉄の 2020 年 1 月 ～ 2022 年 3 月のチャート（平滑移動平均線）

とよいでしょう.

［例 2　日産車体のチャート］

　下落傾向の場合の例をあげます. サンプルコードの変更点は銘柄コードと企業名のみ
です. 下落傾向の場合, いつ株価が上昇するかという判断が重要です（図 8.5）.

［リスト 8.3］日産車体（7222）のチャート（Ch8_2.ipynb 抜粋）

```
# 前略

code = 7222
name = " 日産車体 "
df = get_stock_data(code)

# 後略
```

　チャート全体を通して下落傾向なので, 終値が 200 日線から遠く離れたとき以外は
売りのシグナルと判断します. 終値が 200 日線を越えることがあっても数日で下落が
始まるので, グランビルの法則どおりに「売り②」のシグナルです. 200 日線が上向き
にならない限り, 買うタイミングではないと判断できます.

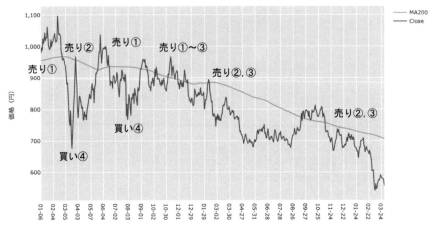

図 8.5　日産車体の 2020 年 1 月 ～ 2022 年 3 月のチャート

8.2 ローソク足パターン

　日々の株価の動きを表すローソク足のパターンを基準に，株価のトレンドや売買のシグナルを判断する手法もあります．ローソク足から相場を判断する方法を学んでみましょう．

8.2.1 ローソク足のパターンとは

　第 2 章で説明したとおり，ローソク足とは，一定期間の OHLC（始値，高値，安値，終値）の株価の動きを反映した図のことです．ローソク足チャートは，移動平均線やテクニカル指標と違って設定値を必要としないため，どの証券会社のサイトや株価情報サイトでも同じ形で表示されます．このため，株価を分析するにはローソク足チャートを見れるようになるのが最も早いという判断から，ローソク足チャートを重視する人も多いです．

　移動平均線のゴールデンクロスとデッドクロスと同様に，ローソク足チャートにもトレンドの転換や継続に合わせた動きが見られます．このような，株価の動きを読みとれるローソク足チャートの形状を，**ローソク足のパターン**といいます．

　この本では，比較的わかりやすいローソク足のパターンの説明と，Python による分析，分析した結果のチャートでの表示について，具体的な例をあげて説明します．

ローソク足チャートのサンプルには，積水ハウス (1928) の 2021 年 1 月 ～ 2022 年 3 月のチャートを用います．最初にローソク足だけのチャートを描画しておきます（図 8.6）．

[リスト 8.4] 積水ハウス（1928）のローソク足チャート（Ch8_2.ipynb 抜粋）

```
import plotly.graph_objs as go
import talib as ta
import datetime as dt
import pandas as pd

name = '積水ハウス'
code = 1928
df = get_stock_data(code)

layout = { "height": 600,
           "title"  : { "text": "{} {}".format(code, name), "x":0.5 },
           "xaxis" : { "rangeslider": { "visible": False } },
           "yaxis" : { "title": "価格 (円)", "side": "left",
               "tickformat": "," },
           "plot_bgcolor": "light blue" }

rdf = df[dt.datetime(2021,11,1):dt.datetime(2022,3,31)]
rdf.index = pd.to_datetime(rdf.index).strftime("%m-%d-%Y")

# ローソク足
data = [ go.Candlestick(x=rdf.index,
          open=rdf["Open"], high=rdf["High"],
          low=rdf["Low"], close=rdf["Close"],
          increasing_line_color="red",
          decreasing_line_color="gray")]

fig = go.Figure(layout = go.Layout(layout), data = data)
fig["layout"].update({
   "xaxis":{
      "tickvals": rdf.index[::2],
      "ticktext": ["{}-{}".format(x.split("-")[0],
         x.split("-")[1]) for x in rdf.index[::2]]
   }
})
fig.show()
```

次項からよく利用されるローソク足のパターンをあげたので，このチャートを適宜確認しながら読み進めてください．

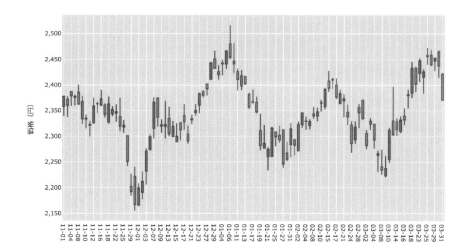

1928 積水ハウス

図 8.6　積水ハウスのローソク足チャート

8.2.2 TA-Lib でローソク足のパターンを検出する

　ローソク足のパターンは，TA-Lib で株価データを分析することで比較的容易に行うことができます．本章で利用する TA-Lib のローソク足のパターンを検出するメソッドは，表 8.1 のとおりです．

表 8.1　本章で利用するローソク足パターンの判別メソッド

メソッド	パターン	必要なローソク足の本数
CDLMARUBOZU	丸坊主	1
CDLBELTHOLD	寄付坊主／大引坊主	1
CDLENGULFING	包み足	2
CDLHARAMI	はらみ足	2
CDL3OUTSIDE	包み上げ／包み下げ	3
CDL3INSIDE	はらみ上げ／はらみ下げ	3

　ローソク足のパターンについては，次項以降で説明します．

　各メソッドとも引数は OHLC の各シリーズです．株価データのデータフレームの各カラムを引数にして実行できます．

　戻り値は，買いのサインの場合は 100，売りのサインの場合は -100，サインがない場合は 0 のシリーズです．複数のローソク足のパターンを認識する場合には，最後のローソク足に対してサインがでます．

「買い」または
「売り」の表示

図 8.7　サインが出現したローソク足への反映

　この戻り値を利用して，該当するローソク足の高値に○，その上に「買い」または「売り」のテキストを表示します（図 8.7）.

　TA-Lib でローソク足のパターンを分析できた場合でも，以後の株価が必ずしもパターンどおりに動きをするわけでないことに気をつけてください．移動平均線やテクニカル指標と同様に，ローソク足のパターンも相場の動きを読みとる手段の 1 つであることを忘れないでください.

8.2.3　1 本のローソク足パターン

　ここでは 1 本のローソク足で判断できるパターンについて説明します．1 本だけで判断するため，一目でわかるパターンです.

［丸坊主］

　丸坊主とは，図 8.8 のような，ヒゲのない陽線または陰線のことです.

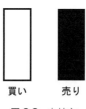

買い　　　売り

図 8.8　丸坊主

　陽線では，始値が安値，終値が高値です．つまり，相場が始まったときに最安値，終わったときに最高値だったという意味です．相場の間にずっと株価が上昇しているので，買いが売りを圧倒していた相場だと判断できます．買いが強いので買いのシグナルです.

　その反対に，陰線では始値が高値，終値が安値です．売りが買いを圧倒し，相場の間にずっと株価が下落していたという意味です．こちらは売りのシグナルです.

　丸坊主は，TA-Lib の **CDLMARUBOZU** メソッドで検出できます.

[リスト 8.5] 丸坊主の検出 (Ch8_2.ipynb 抜粋)

```
# 前略

marubozu = ta.CDLMARUBOZU(df["Open"], df["High"], df["Low"], df["Close"])

# 後略
```

検出した結果は，売りシグナルが100，買いのシグナルが−100，どちらでもない場合は0で表されます．結果をもとにチャートに表示するテキストと，マーカーの位置は図8.9のように考えられます．

	ローソク足の パターン	チャートに表示する テキスト	マーカーを表示する位置
	ta.CDLMARUBOZU	df["marubozu_text"]	df["marubozu_marker"]
2022-03-22	100	買い	高値
2022-03-23	0		
2022-03-24	0		
2022-03-25	−100	売り	高値
2022-03-28	0		
2022-03-29	100	買い	高値
2022-03-30	0		

図 8.9 チャートに表示するテキストと表示するマーカーの位置

丸坊主を検出した結果がある場合のみ，「買い」と「売り」に該当するデータを作成します．この処理は次のように書けます．

[リスト 8.6] チャートに表示するテキストとマーカーの位置を算出 (Ch8_2.ipynb 抜粋)

```
# 前略

# チャートに表示するテキスト
df["marubozu_text"] = marubozu.replace(
                        { 100: "買い", -100: "売り", 0: "" })

# チャートに表示するマーカーの位置を算出
df["marubozu_marker"] = (marubozu/100 * df["High"] )
                        .abs().replace({ 0: np.nan })
# 後略
```

テキストのほうは，単純に100を「買い」，−100を「売り」，0を空文字に置き換えたシリーズを作成します．

マーカーの位置は，100／−100ともに高値のところに表示します100で割って高値

を乗算した後，abs メソッドで絶対値をとることで，「買い」も「売り」も高値の値の位置にマーカーが表示されるようにしています．0 については表示する必要はないので，NaN に置き換えます．

> **知っておきたい！Python 文法**
>
> abs メソッドは絶対値を返します．データ分析では，今回のサンプルのように，対照的な状態を正の数と負の数で表すことがあります．可視化するときは同じグラフに表示したい場合など，abs メソッドで絶対値をプロットする方法が最も手軽です．

検出した丸坊主のローソク足をチャートにプロットする処理は次のとおりです（図8.10）．

[リスト 8.7] 丸坊主のローソク足を検出（Ch8_2.ipynb 抜粋）

```python
# 前略

data = [ go.Candlestick(x=rdf.index,
                        open=rdf["Open"], high=rdf["High"],
                        low=rdf["Low"], close=rdf["Close"],
                        increasing_line_color="red",
                        decreasing_line_color="gray"),
         # 検出パターン
         go.Scatter(x=rdf.index,
                    y=rdf["marubozu_marker"],
                    mode="markers+text",
                    text=rdf["marubozu_text"],
                    textposition="top center",
                    name=" 丸坊主 ",
                    marker = { "size": 12, "color": "blue",
                        "opacity": 0.6 },
            textfont = {"size": 14, "color": "black" }),
         ]

# 後略
```

株価が大きく上昇もしくは下降するときに，丸坊主が出現しています．このように，ローソク足も株価の方向性を示すことがわかります．

1928 積水ハウス

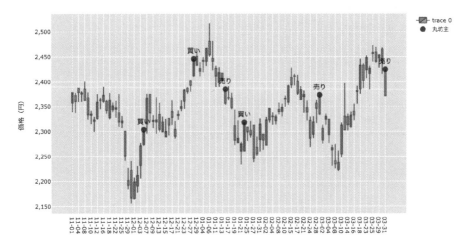

図 8.10　丸坊主の検出

[陽の寄付坊主／陰の大引坊主]

　陽の寄付坊主とは，始値と安値が同じ陽線で上ヒゲが少し出たものです．陰の大引坊主とは，始値と高値が同じ陰線で下ヒゲが少し出たものです（図 8.11）．

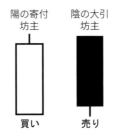

図 8.11　陽の寄付坊主／陰の大引坊主

　丸坊主のローソク足が少し反対方向に動いたものの，本来の丸坊主の方向性は変わらないというパターンです．陽の寄付坊主が買いのシグナル，陰の大引坊が売りのシグナルです．

　陽の寄付坊主／陰の大引坊主は CDLBELTHOLD メソッドで検出できます（図 8.12）．

[リスト 8.8] 陽の寄付坊主／陰の大引坊主の検出（Ch8_2.ipynb 抜粋）

```
# 前略

belthold = ta.CDLBELTHOLD(df["Open"], df["High"], df["Low"], df["Close"])
df["belthold_text"] = belthold.replace(
                        { 100: "買い", -100: "売り", 0: "" })
df["belthold_marker"] = (belthold/100 * df["High"] )
                        .abs().replace({ 0: np.nan })

# 中略

data = [go.Candlestick(x=rdf.index,
                    open=rdf["Open"], high=rdf["High"],
                    low=rdf["Low"], close=rdf["Close"],
                    increasing_line_color="red",
                    decreasing_line_color="gray"),
        # 検出パターン
        go.Scatter(x=rdf.index,
                y=rdf["belthold_marker"],
                mode="markers+text",
                text=rdf["belthold_text"],
                textposition="top center",
                name=" 寄付坊主 / 大引坊主 ",
                marker = { "size": 12, "color": "blue", "opacity": 0.6 },
                textfont = { "size": 14, "color": "black" }),
        ]

# 後略
```

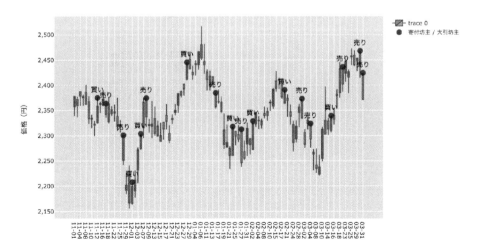

図 8.12 陽の寄付坊主／陰の大引坊主の検出

このチャートでは丸坊主も一緒に認識されています．丸坊主／陽の寄付坊主／陰の大引坊主が多く検出されています．このため，銘柄の特徴として，1日の値動きが結構あるものだと判断できます．1日の値動きが大きいということは，短期間で利益を出しやすいとも考えられます．

8.2.4 2本のローソク足のパターン

1本のローソク足で判断するよりも，連続した2本のローソク足で判断するほうが，株価の動きをより正確に判断することができます．ここではよく利用されるパターンについて説明します．

〔包み足〕

包み足とは，1本目のローソク足の安値と高値を2本目のローソク足が包み込んでいる状態のことです（図8.13）．

これは，前日の株価の動きを翌日の株価の動きが打ち消しているということを意味します．前日と反対の強い売買が行われ，前日のローソク足よりも大きいローソク足が発生した状態です．これは株価の動きが変わり，トレンドが転換するサインです．トレンドが転換するので，陰線 → 陽線／陽線 → 陰線の順番で判断します．

2本のローソク足をまとめて考えると，株価の動きがわかりやすくなります．それぞれについて1本のローソク足で株価の動きを考えてみます．

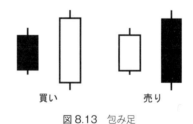

買い　　　　　　売り

図 8.13　包み足

［陰線 → 陽線の順番］

陰線 → 陽線の順番では，いったん下がったものの，上昇する動きが強いと判断できます（図 8.14）.

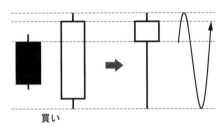

図 8.14 包み足（陰線 → 陽線の順番）

［陰線 → 陽線の順番］

陽線 → 陰線の順番では，いったん上がったものの，下落する動きが強いと判断できます（図 8.15）.

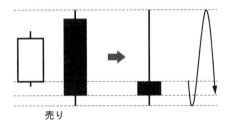

図 8.15 包み足（陽線と陰線の組み合わせ）

［同じ線同士の組み合わせ］

同じ線同士の組み合わせでは，1 本目のローソク足が 2 本目のローソク足に吸収されます．株価の動きが特に変わることはないので，同じ線同士のパターンはトレンドが継続中と考えられます．同じ線同士の組み合わせは TA-Lib でも重要なサインとは判断されず，包み足のパターンとしては認識されません（図 8.16）.

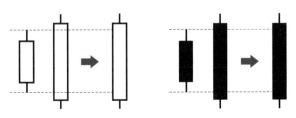

図 8.16 包み足（同じ線同士の組み合わせ）

　2本のローソク足を1本のローソク足にまとめて株価の動きを考える場合は，まとめた後の1本のローソク足だけでの株価の動きを考えます．この場合は，2本のローソク足での株価の動きを時系列でまとめたものと一致するとは限りません．1本のローソク足で考えたらこのように株価は動く，と判断する例だと考えてください．

TA-Lib では，2本のローソク足が異なる場合の包み足のパターンを **CDLENGULFING** メソッドで認識できます．

[リスト 8.9] 包み足の検出（Ch8_2.ipynb 抜粋）

```
# 前略

engulfing = ta.CDLENGULFING(df["Open"], df["High"], df["Low"], df["Close"])
df["engulfing_text"] = engulfing.replace(
                           { 100: "買い", -100: "売り", 0: "" })
df["engulfing_marker"] = (engulfing/100 * df["High"] ).abs().replace({ 0:
                           np.nan })

# 中略

data = [ go.Candlestick(x=rdf.index,
                        open=rdf["Open"], high=rdf["High"],
                        low=rdf["Low"], close=rdf["Close"],
                        increasing_line_color="red",
                        decreasing_line_color="gray"),
         # 検出パターン
         go.Scatter(x=rdf.index,
                    y=rdf["engulfing_marker"],
                    mode="markers+text",
                    text=rdf["engulfing_text"],
                    textposition="top center",
                    name="包み足",
                    marker = { "size": 12, "color": "blue",
                               "opacity": 0.6 },
                    textfont = {"size": 14, "color": "black" })
       ]

# 後略
```

　実行すると，図 8.17 のようになります．包み足はトレンドの転換前に出やすいといわれていますが，検出した結果を見る限り，前半部分にトレンドの転換とはいえないところでも検出されていました．このようなことがあるので，包み足のシグナルは，単独で判断するより，移動平均線やテクニカル指標と組み合わせて利用するのがよいです．

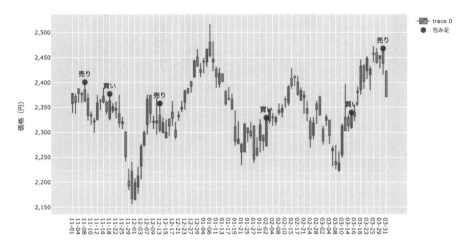

図 8.17 包み足の検出

［はらみ足］

　はらみ足とは，1 本目のローソク足が 2 本目のローソク足を高値と安値を含めて包み込んでいる状態のことです．包み足とは逆のパターンです（図 8.18）．①，②は買いのシグナル，③，④は売りのシグナルです．

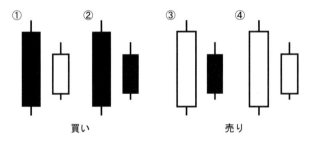

図 8.18　はらみ足

　はらみ足は，前日の高値または安値を翌日に更新できなかったということを意味します．そのため，陰線 → 陽線／陽線 → 陰線／同じ線同士の 4 種類で考えます（図 8.19）．4 種類のはらみ足のパターンは，それぞれ 1 本のローソク足として考えると，次の株価の動きを判断しやすいです．

　ローソク足を 1 本に統合すると，高値または安値を翌日に更新できなかったという意味もあり，はらみ足はトレンドが継続するというサインだと考えられます．TA-Lib では，陽線と陰線の組み合わせの全パターンを **CDLHARAMI** メソッドで認識できます（図 8.20）．

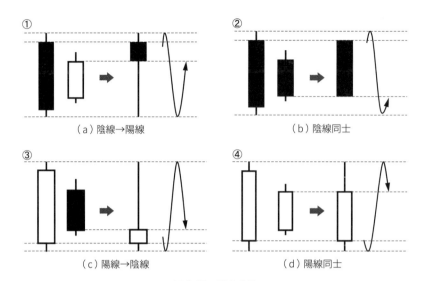

図 8.19　はらみ足

[リスト 8.10] はらみ足の検出（Ch8_2.ipynb 抜粋）

```
# 前略

harami = ta.CDLHARAMI(df["Open"], df["High"], df["Low"], df["Close"])
df["harami_text"] = harami.replace({ 100: "買い", -100: "売り", 0: "" })
df["harami_marker"] = (harami/100 * df["High"] )
                            .abs().replace({ 0: np.nan })

# 中略

data = [ go.Candlestick(x=rdf.index,
                        open=rdf["Open"], high=rdf["High"],
                        low=rdf["Low"], close=rdf["Close"],
                        increasing_line_color="red",
                        decreasing_line_color="gray"),
         # 検出パターン
         go.Scatter(x=rdf.index,
                    y=rdf["harami_marker"],
                    mode="markers+text",
                    text=rdf["harami_text"],
                    textposition="top center",
                    name="はらみ足",
                    marker = { "size": 12, "color": "blue",
                               "opacity": 0.6 },
                    textfont = {"size": 14, "color": "black" }),
       ]

# 後略
```

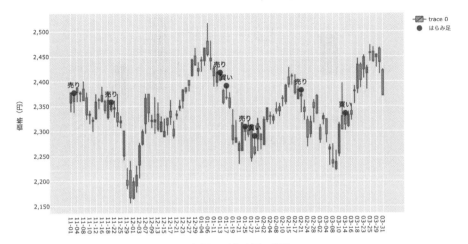

図 8.20 はらみ足の検出

　チャートで見ると，はらみ足はトレンドが転換した直後に出やすいことがわかります．はらみ足が出た後のトレンドはそのまま継続しているので，トレンドの継続中の早い段階にはらみ足が出現すると判断できます．ただし，2021 年 12 月中の株価が大きく上昇する付近で，はらみ足が出現していないのが少し気になります．

8.2.5 3本のローソク足のパターン

　当然ですが，2 本よりも 3 本のローソク足のほうが株価の方向性の判断材料として確実性が増します．2 本のパターンを補完して方向性をさらに確実にするパターンについて説明します．

［包み上げ／包み下げ］

　包み上げ／包み下げは，包み足のパターンの次に出現するローソク足で株価の方向性を判断する見方です（図 8.21）．

　買いの包み足が出現した後に，3 本目のローソク足が高値を更新した状態を包み上げとよび，買いのサインです．

　売りの包み足が出現した後に，3 本目のローソク足が安値を更新した状態を包み下げとよび，売りのサインです．TA-Lib では，包み上げ／包み下げを **CDL3OUTSIDE** メソッドで認識します．

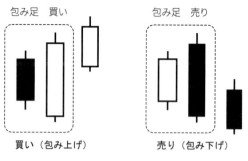

図8.21　包み上げ／包み下げ

[リスト8.11] 包み上げ／包み下げの検出（Ch8_2.ipynb抜粋）

```
# 前略

outside = ta.CDL3OUTSIDE(df["Open"], df["High"], df["Low"], df["Close"])
df["outside_text"] = outside.replace({ 100: "買い", -100: "売り", 0: "" })
df["outside_marker"] = (outside/100 * df["High"] )
                            .abs().replace({ 0: np.nan })

# 中略

data = [ go.Candlestick(x=rdf.index,
                        open=rdf["Open"], high=rdf["High"],
                        low=rdf["Low"], close=rdf["Close"],
                        increasing_line_color="red",
                        decreasing_line_color="gray"),
        # 検出パターン
        go.Scatter(x=rdf.index,
                    y=rdf["outside_marker"],
                    mode="markers+text",
                    text=rdf["outside_text"],
                    textposition="top center",
                    name="包み上げ / 包み下げ",
                    marker = { "size": 12, "color": "blue",
                                "opacity": 0.6 },
                    textfont = {"size": 14, "color": "black" }),
    ]

# 後略
```

　実行すると，図8.22のようになります．8.2.4項の「包み足」で包み足を検出したときに比べて，3本のローソク足で包み上げ／包み下げを検出したときのほうが確実にシグナルを判断できることがわかります．ただし，シグナルを検出しない範囲も多いので，移動平均線やテクニカル指標を併用するのがよいでしょう．

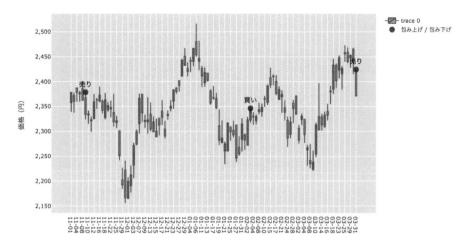

図 8.22　包み上げ／包み下げの検出

［はらみ上げ／はらみ下げ］

　はらみ上げ／はらみ下げは，はらみ足のパターンの次に出現するローソク足で株価の方向性を判断する見方です（図 8.23）.

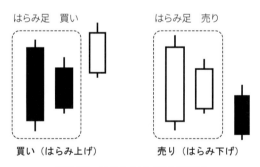

図 8.23　はらみ上げ／はらみ下げ

　買いのはらみ足が出現した後に，3 本目のローソク足が高値を更新する状態をはらみ上げとよび，買いのサインです.

　売りのはらみ足が出現した後に，3 本目のローソク足が安値を更新する状態をはらみ下げとよび，売りのサインです.

　TA-Lib では，はらみ上げ／はらみ下げを CDL3INSIDE メソッドで認識します.

[リスト 8.12] はらみ上げ／はらみ下げの検出（Ch8_2.ipynb 抜粋）

```
# 前略

inside = ta.CDL3INSIDE(df["Open"], df["High"],
                               df["Low"], df["Close"])
df["inside_text"] = inside.replace(
                        { 100: "買い", -100: "売り", 0: "" })
df["inside_marker"] = (inside/100 * df["High"] )
                        .abs().replace({ 0: np.nan })

# 中略

data =  [ go.Candlestick(x=rdf.index,
                         open=rdf["Open"], high=rdf["High"],
                         low=rdf["Low"], close=rdf["Close"],
                         increasing_line_color="red",
                         decreasing_line_color="gray"),
          # 検出パターン
          go.Scatter(x=rdf.index,
                   y=rdf["inside_marker"],
                   mode="markers+text",
                   text=rdf["inside_text"],
                   textposition="top center",
                   name="はらみ上げ / はらみ下げ",
                   marker = { "size": 12, "color": "blue",
                            "opacity": 0.6 },
                   textfont = {"size": 14, "color": "black" }),
      ]

# 後略
```

　実行すると，図 8.24 のようになります．8.2.4 項の「はらみ足」ではらみ足を検出したときに比べて，3 本のローソク足ではらみ上げ／はらみ下げを検出したときのほうが確実にシグナルの継続を判断できることがわかります．ただし，チャートの前半部分ではシグナルを一切検出していないので，シグナルを検出できるときとできないときの差が大きそうです．

　こちらもはやり，移動平均線やテクニカル指標を併用するのがよいでしょう．

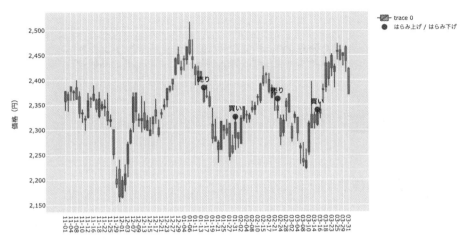

図 8.24　はらみ上げ／はらみ下げの検出

● まとめ

　本章では，グランビルの法則とローソク足のパターンというよく知られた手法を確認し，それぞれ長所もあれば短所もあることがわかりました．株式取引を行うにあたっては，さまざまな手法を検討したり自分に合った手法を見つけることも重要です．

　Python を使うことでこれらの手法の特徴やどの手法がわかりやすいかなどを比較的短時間で検討することができます．ここであげたローソク足のパターン以外にも，さまざまな手法があるので，ぜひとも自分に合う最適な手法を見つけるようにしてください．

売買のシミュレーション

この章の目標　売買ルールを決め，性能をテストしてみましょう．

9.1　過去の株価データでのトレード

株式や為替の取引においては，「移動平均線がゴールデンクロスしたときに買う」「短期 RSI が 10 を下回ったときに買う」など，一定のルールを設けて取引を行うのが一般的です．

この売買のルールに従って取引を行った場合の収支を，過去のデータを使って検証することを**バックテスト**といいます（図 9.1）．

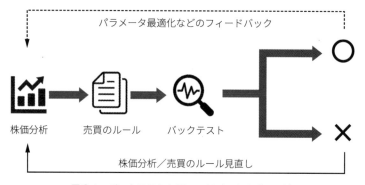

パラメータ最適化などのフィードバック

株価分析　売買のルール　バックテスト

株価分析／売買のルール見直し

図 9.1　バックテストとフィードバックのイメージ

一般的には，実際の取引を行う前に，取引を行うルールでバックテストを行って，その有効性を確認します．

本書のサンプルの多くは，数ヶ月のチャートで株価データを確認するものでした．数ヶ月間の期間で収益が上がると判断した取引のルールが，そのまま長期に渡って通用する場合もあれば，1 年を通してみたら収支がマイナスになっていたという場合もあります．

このような取引のルールで予想した収支と実際の取引での収支の差をなくすために，あらかじめバックテストを行って取引のルールの有効性を確認することが重要です．

また，バックテストを行うことで，移動平均線の日数やテクニカル指標の設定値などのパラメータについて，その有効性を確認したり最適値を求めたりすることもできます．このようにして売買のルールの軌道修正を行うことを**フィードバック**といいます．

なお，バックテストは重要ですが，あくまでも過去の株価データを使ったものなので，今後もバックテストと同じ結果になるとは限らないことを覚えておいてください．

9.1.1 バックテストを行う **backtesting.py**

バックテストはライブラリ **backtesting.py** を利用して行うことができます．backtesting.py は pip でインストールできます．

[リスト 9.1] backtesting.py のインストール（Ch9_1.ipynb 抜粋）

```
!pip install backtesting
```

backtesting.py を利用することで，売買のルール作成，バックテストの実行，パラメータの最適値の算出という一連の作業を比較的簡単に行うことができます．

9.1.2 売買のルールを作成する

バックテストを実行する際には，先にバックテストで使う売買のルールを定義します．そのために，売買のルールを管理する **Strategy** クラスを継承したクラスを作成します．売買のルールを定義するクラスの構文は次のとおりです．

[構文 9.2] 売買のルールを定義するクラス（Ch9_1.ipynb 抜粋）

```
from backtesting import Strategy

class クラス名 (Strategy):
    # パラメータの宣言

    def init(self):
        # テストに使うシリーズの定義

    def next(self):
        # 株価データ1行ごとに実行される処理
        # 条件に合致したときに 買う self.buy()
        # または 売る self.position.close()
```

　クラスとは，データやデータを操作するメソッドを 1 つのオブジェクトとして管理するための仕組みです．クラスは「class ％クラス名％:」のブロックで定義します．サンプルのようにあるクラスを継承してクラスを定義する場合には，「class ％クラス名％(％継承するクラス名％):」と記述します．
　メソッドは，クラスを定義するブロックの中で「def ％メソッド名％(self[, ％引数のリスト％]):」の構文で定義します．メソッド名を「init」にすると，クラスを初期化したときに実行される init メソッドの定義になります．init メソッドのブロックにクラスに必要な情報を記述しておくと，クラスを利用するときに必要なことがらを簡潔に記述できます．

構文 9.2 は以下の手順を実行します．

① Strategy クラスを継承してクラス名を定義します．クラス名には任意の名前を使えるので，売買のルールがわかる名前をつけることをお勧めします．
② クラスを宣言する際に，移動平均の日数やテクニカル指標の設定値などのパラメータをクラスのメンバとして宣言します．こうすることで，バックテストを行った後に，パラメータの最適値を算出し，最適値を代入することもできます．
③ init メソッドで移動平均やテクニカル指標のシリーズを初期化します．
④ テストを実行する際の処理を next メソッドで宣言します．next メソッドは，株価データの 1 行単位で実行されます．このような場合に買う (self.buy())，このような場合に売る (self.position.close()) という具体的な売買の処理を定義します．

backtesting.py には，単純移動平均を求める SMA メソッドが用意されています．SMA メソッドを使った，単純移動平均のゴールデンクロスで買う／デッドクロスで売るという売買のルールは，次のように定義できます．

[リスト 9.3] 単純移動平均を用いた売買のルール（Ch9_1.ipynb 抜粋）

```python
from backtesting import Strategy
from backtesting.lib import crossover
from backtesting.test import SMA

class SmaCross(Strategy):
    ns = 5   # 短期移動平均日数
    nl = 25  # 長期移動平均日数

    def init(self):
        # 短期移動平均
        self.smaS = self.I(SMA, self.data["Close"], self.ns)
        # 長期移動平均
```

```
        self.smaL = self.I(SMA, self.data["Close"], self.nl)

    def next(self):
        # smaS > smaL で買う
        if crossover(self.smaS, self.smaL):
            self.buy()
        # smaS < smaL で売る
        elif crossover(self.smaL, self.smaS):
            self.position.close()
```

　サンプルでは，短期（short time）関連のパラメータには「s」，長期（long time）
関連のパラメータには「l」をつけて区別しています．以降のサンプルも同様の命名規
則を用います．

　移動平均の短期線と長期線がクロスするという意味の「SmaCross」をクラス名とし
て定義しました．利用するパラメータは，短期移動平均の日数「ns」と長期移動平均
の日数「nl」です．それぞれ 5 と 25 の値を用います．

　init メソッド内で短期移動平均と長期移動平均のリストをそれぞれ self.smaS と self.
smaL の名前で定義しました．リストは Strategy クラスの I メソッドで生成しています．

[構文 9.4] I メソッド

%シリーズ名% = I(%シリーズを生成するメソッド%, %終値のシリーズ%, %パラメータ%)

　I メソッドを利用すると，リストを生成する際に利用するメソッド名，終値のシリー
ズ，パラメータを分離して記述できます．後で何かあったときなどに，どこに原因があ
るのかを調べやすくなります．

　株価データの 1 行単位の処理を行う next メソッドの中では，リストの比較を行う
crossover メソッドを行います．crossover メソッドの構文は次のとおりです．

[構文 9.5] crossover メソッド

%リスト 1% > %リスト 2% = crossover(%リスト 1%, %リスト 2%)

　crossover メソッドは，引数であるリスト 1 とリスト 2 の各要素を比較して，リスト
1 の要素がリスト 2 の要素を初めて上回ったときに True を返します．逆に，リスト 1
の要素がリスト 2 の要素を初めて下回ったときに False を返します．短期移動平均と長
期移動平均のリストを crossover メソッドで比較することで，ゴールデンクロスが起
こったときに買う，デッドクロスが起こったときに売るという処理を定義できます．

9.1.3 バックテストを実行する

売買のルールを定義した後は，テスト用の株価データを用意してバックテストを行います．

[バックテストの実行]

バックテストの実行は，Backtest クラスで行います．まずは Backtest を初期化する必要がありますが，その構文は次のとおりです．

[構文 9.6] Backtest クラス

```
Backtest(
    % 株価データ %, % 売買のルール %,
    trade_on_close = % 終値で取引するか %
    [,cash = % 所持金 %, commission = % 取引手数料 %]
)
```

株価データは，これまでに利用している OHLCV 形式のデータフレームです．売買のルールには，ルールを定義したクラスの名前を指定します．trade_on_close プロパティで終値で取引するかを True／False で指定します．False を指定した場合には，終値の代わりに翌日の始値で取引されます．取引開始時の所持金と取引手数料も指定できますが，バックテストの結果は％で表示できるので，サンプルでは指定せずに行います．所持金を指定しない場合は，取引開始時に 10000 ドルあるものとして扱われます．手数料は，取引金額の 0 ～ 10％の範囲で指定できます．手数料を 1％とする場合は，commission の値を 0.01 と指定してください．既定は 0 です．

初期化処理を行った後に，バックテストを実行して結果を表示するために，表 9.1 の2つのメソッドを実行します．

表 9.1　Backtest クラスのメソッド

メソッド名	概要
run()	バックテストを実行し，結果をシリーズで返す
plot()	バックテストの結果をグラフで表示する

バックテストの結果を返すメソッドとグラフ化するメソッドが分かれていることに気をつけてください．バックテストを実行し，結果を表示する処理は次のようになります．

[リスト 9.7] バックテストの実行と結果の表示（Ch9_1.ipynb 抜粋）

```
from backtesting import Backtest
import datetime as dt
```

```
# 新日本科学（2395）の 2021.1.1 ～ 2022.3.31 までのチャートを作成
df = get_stock_data(2395)
data = df[dt.datetime(2021,1,1):dt.datetime(2022,3,31)]

bt = Backtest(data, SmaCross, trade_on_close=True)

# バックテストを実行
result = bt.run()

# 実行結果のデータを表示
print(result)

# 実行結果をグラフで表示
bt.plot()
```

　株価データを用意し，売買のルールを定義したクラスと終値での売買を指定して Backtest クラスを初期化して，インスタンスを生成します．run() メソッドでバックテストを実行した後，結果を print メソッドで戻り値であるバックテストの結果を表示します．その後で plot() メソッドを実行して，バックテストの結果をグラフで表示します．

> **知っておきたい！Python 文法**
>
> 　print メソッドを用いると，変数の値を表示することができます．Google Colaboratory では，ブロックの最後の行の変数は自動的に表示されますが，最後の行以外は表示しません．
> 　最後の行以外の任意の位置で変数の値を表示したい場合は，print メソッドを利用します．

［実行結果の見方］

　サンプルを実行すると，図 9.2 のような実行結果と，図 9.3 のようなグラフが表示されます．

　バックテストの結果に表示される項目は，表 9.2 のとおりです．

　資産に関しては，通貨の単位が「$」で表示されます．ここは気にせずに読み進めてください．

　実行結果を見ると，7 回のトレードでおよそ 68％の利益が出たことがわかります．よく利用されている 5 日と 25 日の移動平均を用いる場合でも，比較的高い利益を出せることがわかります．

　グラフは上から，① 資産の推移，② トレードの回数と損益率，③ ローソク足と移動平均線のチャート，④ 出来高です．利益が出たトレードは緑，損失が出たトレードは赤で表示されます．グラフは図 9.4 のように見てください．

　図 9.4 は，図 9.3 のうち利益が出た箇所の見方を示しています．売買のルールで定義

```
Start                2021-01-04 00:00:00
End                  2022-03-31 00:00:00
Duration               451 days 00:00:00
Exposure Time [%]           57.894737
Equity Final [$]            16774.22
Equity Peak [$]             23730.42
Return [%]                  67.7422          ┐損益率：約68%
Buy & Hold Return [%]       156.44515
Return (Ann.) [%]           53.53828
Volatility (Ann.) [%]       60.831364
Sharpe Ratio                0.88011
Sortino Ratio               2.202463
Calmar Ratio                1.641885
Max. Drawdown [%]           -32.607809
Avg. Drawdown [%]           -6.024895
Max. Drawdown Duration   132 days 00:00:00
Avg. Drawdown Duration    23 days 00:00:00
# Trades                    7                ┐トレード回数：7回
Win Rate [%]                71.428571
Best Trade [%]              65.26924
Worst Trade [%]             -16.203137
Avg. Trade [%]              7.986463
Max. Trade Duration       84 days 00:00:00
Avg. Trade Duration       37 days 00:00:00
Profit Factor               3.99427
Expectancy [%]              10.342411
SQN                         0.754605
```

図 9.2　バックテストの実行結果（データ）

表 9.2　バックテストの結果のおもな項目

項目名	概要
Equity Final [$]	最終的な資産
Equity Peak [$]	利益が最大時の資産
Return [%]	損益率
# Trades	トレードの回数
Win Rate [%]	勝率
Best Trade [%]	最も成績のよかったトレードの利益率
Worst Trade [%]	最も成績の悪かったトレードの利益率
Avg. Trade [%]	トレードの平均の利率
SQN	トレード数の平方根×平均損益／標準偏差で計算されるシステムの品質スコア

したとおり，移動平均線のゴールデンクロスで買い，デッドクロスで売ります．株を買っ
て利益が出ている期間は緑の破線で表示されます．チャート上の緑の網掛けは株価が上
昇している部分，赤の網掛けは株価が下落している部分です．網掛け部分は売買には関
係なく表示されることに気をつけてください．デッドクロスで株を売って利益が出たと
きは，チャートの上のグラフに緑でマークされます．

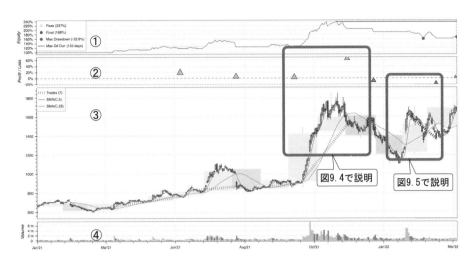

図9.3　バックテストの実行結果（グラフ）

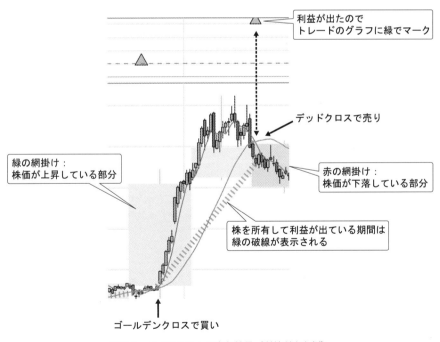

図9.4　バックテストの実行結果（利益が出た例）

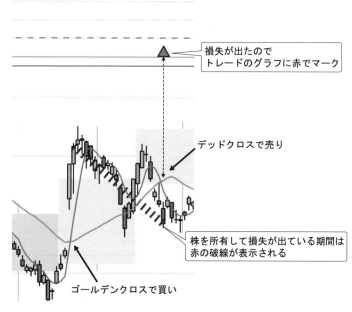

図9.5　バックテストの実行結果（損失が出た例）

　一方，損失が出たときのグラフは図9.5のようになります．

　売買のルールで定義したとおり，移動平均線のゴールデンクロスで買ったものの，その後にすぐ株価が下がってしまいました．デッドクロスまで株を売れないので，損失を出したまま株を持ち続けることになります．この期間が赤の破線に該当します．最終的にはデッドクロスで売ることができましたが，株価は買ったときよりも下がっているため，損失が出たトレードとなりました．

　チャートだけを見ると，緑の網掛けが多く株価も上昇していますが，定義した売買のルールでは利益を出せませんでした．このようなこともあることを認識して，結果のグラフを見るようにしてください．

9.1.4 パラメータの最適化

　バックテストの結果を使って，さらによい結果を出すためにパラメータの最適化を行います．パラメータの最適化は必ずしもテストに必須というわけではありませんが，よりよいパラメータの設定を行えるようになるためにも，最適値は知っておくほうがよいです．前項のテストでいうと，パラメータの最適化とは，移動平均線の日数を最適にすることを指します．パラメータの最適化は，Backtestクラスのoptimizeメソッドで行

います．optimize メソッドの構文は次のとおりです．

[構文 9.8] optimize メソッド

```
optimize(% 変数名 1% = % 範囲 1%,
    % 変数名 2% = % 範囲 2%,...,
    % 変数名 N% = % 範囲 N%
    [,maximize = % 最適化したい項目 %',
    constraint = % 最適化時の条件 %])
```

maximize には，前項でバックテストを実行した結果の項目の中から指定します．指定しない場合は，前項の表 9.2 の **SQN スコア**が最適化されます．constraint では，売買のルールを定義したクラスが引数として渡されるので，lambda の形式で渡されたクラスのメンバを使って条件式を作成します．

┌───┐
知っておきたい！Python 文法

lambda とは，名前をもたない無名関数を定義する書式です．「lambda % 引数 1%,% 引数 2%,...,% 引数 N% ： % 式 %」の構文で定義されます．
└───┘

optimize メソッドの戻り値は，run メソッドと同じ形式のシリーズです．optimize メソッドを使い，最適化した短期線の日数 (ns) と長期線の日数 (nl) を求めて結果を表示する処理は，次のようになります．

[リスト 9.9] 最適化（Ch9_1.ipynb 抜粋）

```
result = bt.optimize(ns=range(5, 25, 5),
            nl=range(5, 75, 5),
            maximize= 'Return [%]',
            constraint=lambda r: r.ns < r.nl)
print(result)
bt.plot()
```

最適化した移動平均線の日数を算出するため，SmaCross クラスの ns と nl の範囲を range 関数で指定します．最大化したい項目は，「Return [%]（収益率）」を指定します．最適化時の条件は，短期線の日数が長期線の日数を超えない条件を指定しています．

パラメータの最適化を実行した結果は，図 9.6 のとおりです．損益率が約 129% に上昇し，トレードの回数は 3 回で済んでいます．

パラメータの最適値は，グラフのほうに表示されます（図 9.7）．最適な移動平均線の日数は短期 (ns) が 20，長期 (nl) が 50 日であることがわかります．移動平均の日数を変えるだけで，損益率は 2 倍近くに，トレードの回数は半分以下になることがわかります．

Start	2021-01-04 00:00:00
End	2022-03-31 00:00:00
Duration	451 days 00:00:00
Exposure Time [%]	57.894737
Equity Final [$]	22927.87
Equity Peak [$]	23581.51
Return [%]	129.2787
Buy & Hold Return [%]	156.44515
Return (Ann.) [%]	98.9402
Volatility (Ann.) [%]	80.428332
Sharpe Ratio	1.230166
Sortino Ratio	4.196628
Calmar Ratio	3.977972
Max. Drawdown [%]	-24.872023
Avg. Drawdown [%]	-6.134172
Max. Drawdown Duration	132 days 00:00:00
Avg. Drawdown Duration	24 days 00:00:00
# Trades	3
Win Rate [%]	100.0
Best Trade [%]	74.131738
Worst Trade [%]	11.320916
Avg. Trade [%]	33.49784
Max. Trade Duration	139 days 00:00:00
Avg. Trade Duration	86 days 00:00:00
Profit Factor	NaN
Expectancy [%]	36.062512
SQN	2.054159

損益率：約129% （Return [%]）

トレード回数：3回 （# Trades）

図9.6　パラメータ最適化の実行結果（データ）

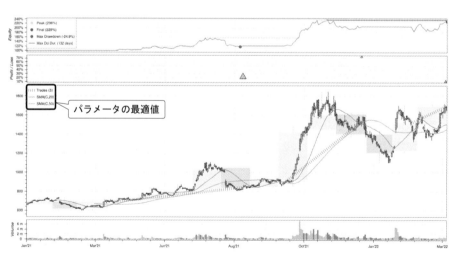

パラメータの最適値

図9.7　パラメータ最適化の実行結果（グラフ）

ただし，ここではバックテストで用いた株価データに対して移動平均の日数が最適化されており，ほかの株価データでも同じような結果が得られるとは限らないことに気をつけてください．

9.1.5 任意の取引のルールでバックテストを行う

前項までのバックテストとパラメータの最適化は，ライブラリ内の SMA クラスを利用したものでした．ここでは，これまでに利用してきたテクニカル指標を使ったバックテストとパラメータの最適化を行う方法について説明します．

【RSI】

前項までと同様の手順で，RSI を使った売買のルールを定義します．Strategy クラスの I メソッドに対応するために，先に RSI を算出するメソッドを定義します．

[リスト 9.10] RSI を算出するメソッド（Ch9_1.ipynb 抜粋）

```
import talib as ta

def RSI(close, n1, n2):
    rsiS = ta.RSI(close, timeperiod=n1)
    rsiL = ta.RSI(close, timeperiod=n2)
    return rsiS, rsiL
```

メソッド名は RSI とし，終値のシリーズ，短期線の日数，長期線の日数を引数にします．RSI メソッドを用いた取引のルールを定義するクラスは，次のように作成できます．

[リスト 9.11] RSI を使った売買のルール（Ch9_1.ipynb 抜粋）

```
class RSICross(Strategy):
    ns = 14  # 短期
    nl = 28  # 長期

    def init(self):
        self.rsiS, self.rsiL = self.I(RSI, self.data.Close,
        self.ns, self.nl)

    def next(self):
        if crossover(self.rsiS, self.rsiL):
            self.buy()  # 短期 > 長期で買い
        elif crossover(self.rsiL, self.rsiS):
            self.position.close()  # 長期 > 短期で売り
```

作成した RSICross クラスを使ってバックテストを実行する処理は，次のようになります．

[リスト 9.12] RSI を使ったバックテスト（Ch9_1.ipynb 抜粋）

```
bt = Backtest(data, RSICross, trade_on_close=True)

result = bt.run()
print(result)
bt.plot()
```

　バックテストの実行結果は，図 9.8 のとおりです．損益率は約 168％です．トレードが終わった時点で資金が元の約 2.7 倍になるという結果がでました．移動平均線よりも RSI を使ったほうが，よい結果が出ています．

　実行結果のグラフは図 9.9 のとおりです．RSI のチャートは既定のグラフとは別に一番下に表示されます．移動平均線を使ったときに比べて大きく損失を出すことが少ないことがわかりました．

　移動平均線を使った例と同様に，RSI でのパラメータの最適化を行います．ここでは，RSI メソッドの引数である短期線の日数 (ns)，長期線の日数 (nl) を最適化します．次のように RSI の短期と長期の設定値の範囲，短期が長期を超えない条件（ns < nl）を指定しておきます．

```
Start                  2021-01-04 00:00:00
End                    2022-03-31 00:00:00
Duration               451 days 00:00:00
Exposure Time [%]             46.052632
Equity Final [$]              26822.45
Equity Peak [$]               27203.25
Return [%]                    168.2245      ← 損益率：約168%
Buy & Hold Return [%]          156.44515
Return (Ann.) [%]             126.570132
Volatility (Ann.) [%]          88.475086
Sharpe Ratio                   1.430574
Sortino Ratio                  7.913813
Calmar Ratio                   9.808338
Max. Drawdown [%]            -12.90434
Avg. Drawdown [%]             -3.918127
Max. Drawdown Duration    98 days 00:00:00
Avg. Drawdown Duration    22 days 00:00:00
# Trades                      16          ← トレード回数：16回
Win Rate [%]                  56.25
Best Trade [%]                73.871413
Worst Trade [%]               -3.977934
Avg. Trade [%]                 6.601582
Max. Trade Duration       28 days 00:00:00
Avg. Trade Duration       12 days 00:00:00
Profit Factor                 12.628786
Expectancy [%]                 7.820056
SQN                            1.791742
```

図 9.8　RSI を使ったバックテストの実行結果（データ）

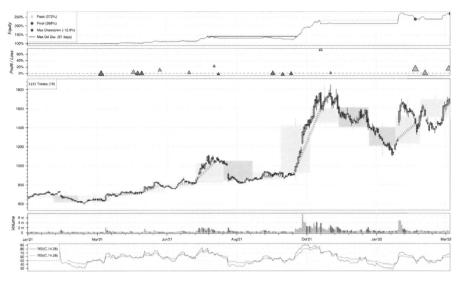

図 9.9 RSI を使ったバックテストの実行結果（グラフ）

[リスト 9.13] RSI のパラメータの最適化（Ch9_1.ipynb 抜粋）

```
result = bt.optimize(ns = range(5, 25, 5),
            nl= range(5, 75, 5),
                maximize = 'Return [%]',
                constraint = lambda r: r.ns < r.nl)
print(result)
bt.plot()
```

　サンプルを実行すると，図 9.10 のような実行結果が表示されます．損益率は約 206％となり，資金が元の 3 倍を超えることがわかります．ただし，トレードの回数は 23 回と最適化前の約 1.5 倍に増えます．

　最適化されたパラメータは，図 9.11 のようにグラフで確認できます．RSI の最適な 設定値は，短期 (n1) が 5，長期 (n2) が 30 であることがわかります．長期日数は 1 ヶ月 半という長めの日数になりました．

Start	2021-01-04 00:00:00
End	2022-03-31 00:00:00
Duration	451 days 00:00:00
Exposure Time [%]	50.328947
Equity Final [$]	30669.04
Equity Peak [$]	30669.04
Return [%]	206.6904
Buy & Hold Return [%]	156.44515
Return (Ann.) [%]	153.191333
Volatility (Ann.) [%]	102.278314
Sharpe Ratio	1.497789
Sortino Ratio	9.094367
Calmar Ratio	8.60006
Max. Drawdown [%]	-17.812821
Avg. Drawdown [%]	-3.902784
Max. Drawdown Duration	94 days 00:00:00
Avg. Drawdown Duration	21 days 00:00:00
# Trades	23
Win Rate [%]	47.826087
Best Trade [%]	73.871413
Worst Trade [%]	-4.215555
Avg. Trade [%]	5.116076
Max. Trade Duration	28 days 00:00:00
Avg. Trade Duration	9 days 00:00:00
Profit Factor	7.718892
Expectancy [%]	6.078324
SQN	1.706368

損益率：約206%

トレード回数：23回

図9.10　RSIを使ったパラメータ最適化の実行結果（データ）

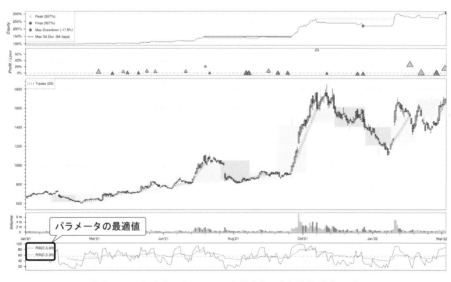

パラメータの最適値

図9.11　RSIを使ったパラメータ最適化の実行結果（グラフ）

〔MACD〕

同様の手順で，MACD を使った売買のルールを定義します．MACD の設定値は短期日数，長期日数，シグナル日数の3つありますが，基本的な手順は同じです．バックテストと最適化を行って，RSI とどちらがトレードに適しているかを比べてみましょう．

MACD を算出するメソッドと，それを使った売買のルールを定義します．

[リスト 9.14] MACD を使った売買のルール（Ch9_1.ipynb 抜粋）

```
def MACD(close, n1, n2, n3):
    macd, macdsignal, _ = ta.MACD(
        close, fastperiod=n1, slowperiod=n2, signalperiod=n3)
    return macd, macdsignal

class MACDCross(Strategy):
    n1 = 12
    n2 = 26
    n3 = 9

    def init(self):
        self.macd, self.macdsignal = self.I(
            MACD, self.data["Close"], self.n1, self.n2, self.n3)

    def next(self):
        if crossover(self.macd, self.macdsignal):
            self.buy()  # macd > シグナルで買い
        elif crossover(self.macdsignal, self.macd):
            self.position.close()  # シグナル > macd で売り
```

MACD とシグナルを算出し，そのゴールデンクロスで買う，デッドクロスで売る，という売買のルールを MACDCross クラスとして定義します．引数は終値のシリーズ (close)，短期日数 (n1)，長期日数 (n2)，シグナル日数 (n3) です．

作成した MACDCross クラスを使ってバックテストを実行する処理は，次のとおりです．

[リスト 9.15] MACD を使ったバックテスト（Ch9_1.ipynb 抜粋）

```
bt = Backtest(data, MACDCross, trade_on_close=True)

result = bt.run()
print(result)
bt.plot()
```

バックテストの実行結果は図 9.12 のとおりです．損益率は約 140％です．RSI には及ばなかったものの，かなり高い結果が出ています．実行結果のグラフは図 9.13 のと

Start	2021-01-04 00:00:00
End	2022-03-31 00:00:00
Duration	451 days 00:00:00
Exposure Time [%]	48.355263
Equity Final [$]	23972.46
Equity Peak [$]	28863.74
Return [%]	139.7246
Buy & Hold Return [%]	156.44515
Return (Ann.) [%]	106.424748
Volatility (Ann.) [%]	82.13051
Sharpe Ratio	1.2958
Sortino Ratio	5.923195
Calmar Ratio	5.278125
Max. Drawdown [%]	-20.163361
Avg. Drawdown [%]	-4.866328
Max. Drawdown Duration	85 days 00:00:00
Avg. Drawdown Duration	22 days 00:00:00
# Trades	10
Win Rate [%]	60.0
Best Trade [%]	86.666957
Worst Trade [%]	-8.613144
Avg. Trade [%]	9.356833
Max. Trade Duration	44 days 00:00:00
Avg. Trade Duration	21 days 00:00:00
Profit Factor	7.243857
Expectancy [%]	11.731351
SQN	1.181192

損益率：約 140%

トレード回数：10 回

図 9.12　MACD を使ったバックテストの実行結果（データ）

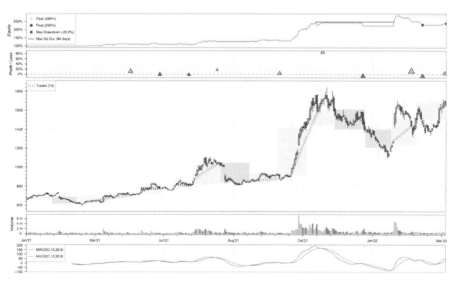

図 9.13　MACD を使ったバックテストの実行結果（グラフ）

おりです．RSI よりも MACD のほうが動きが穏やかです．そのためか，トレードの回数も RSI より少なく済んでいます．

MACD のバックテストが終わったところで，MACD の 3 つのパラメータの最適化も行ってみましょう．

[リスト 9.16] MACD のパラメータの最適化（Ch9_1.ipynb 抜粋）

```
result = bt.optimize(n1=range(5, 75, 5),
         n2=range(10, 75, 5),
         n3=range(10, 75, 5),
         maximize = "Return [%]",
         constraint = lambda r: r.n1 < r.n2)
print(result)
bt.plot()
```

MACD の 3 つのパラメータのうち，短期の日数 (n1) と長期の日数 (n2) に n1 < n2 という制限を設けます．

サンプルを実行すると，図 9.14 のように実行結果が表示されます．損益率は約 200％となり，RSI には及ばないものの，資金が元の 3 倍になることがわかります．ト

Start	2021-01-04 00:00:00
End	2022-03-31 00:00:00
Duration	451 days 00:00:00
Exposure Time [%]	47.697368
Equity Final [$]	30032.08
Equity Peak [$]	30368.04
Return [%]	200.3208 ← 損益率：約 200%
Buy & Hold Return [%]	156.44515
Return (Ann.) [%]	148.824518
Volatility (Ann.) [%]	100.970686
Sharpe Ratio	1.473938
Sortino Ratio	8.594108
Calmar Ratio	9.193035
Max. Drawdown [%]	-16.188834
Avg. Drawdown [%]	-4.224069
Max. Drawdown Duration	85 days 00:00:00
Avg. Drawdown Duration	21 days 00:00:00
# Trades	10 ← トレード回数：10 回
Win Rate [%]	70.0
Best Trade [%]	77.419565
Worst Trade [%]	-10.353969
Avg. Trade [%]	11.928475
Max. Trade Duration	43 days 00:00:00
Avg. Trade Duration	20 days 00:00:00
Profit Factor	9.93742
Expectancy [%]	13.984217
SQN	1.651923

図 9.14 MACD を使ったパラメータ最適化の実行結果（データ）

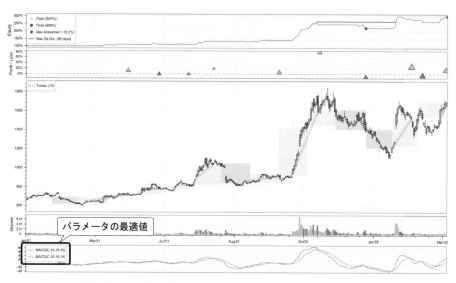

図9.15 MACDを使ったパラメータ最適化の実行結果（グラフ）

レードの回数は 10 回と最適化前と変わりません.

最適化されたパラメータはグラフで確認できます（図 9.15）. 最適値は, n1 = 10／n2 = 15／n3 = 10 の組み合わせであることがわかりました.

売買のルールに RSI と MACD を使った場合を比較すると, 損益率は RSI のほうが少し高いですが, トレードの回数は MACD が RSI の半分以下になっています.

バックテストとパラメータの最適化を行うことで, 最適なテクニカル指標を見つけることができます. そのほかにも, トレードの回数は多くても利益が多いほうがよい, 利益は少し低くてもいいからトレードの回数を抑えたいなど, 株式投資のスタイルに合わせてどの方法がよいか検討することもできます.

9.2 デイトレード戦略

これまでは日足をベースにした 1 日単位での株価分析を行ってきました. ここでは, 1 日の中だけで取引を完結する手法について説明します.

9.2.1 相場で見られるアノマリー

相場に関する分析や理論では説明できないものの, 経験的に観測できる現象のことをアノマリーといいます. よく知られているアノマリーには,「5 月に株価が下落しやすい」「秋から年末にかけて株価は上昇傾向になりやすい」というものがあります.

大局的なアノマリーだけでなく，個別の銘柄に注目してみると，次のような動きをしている銘柄も多いです．

・相場が始まった直後に下落した後，上昇する
・前場（午前の取引時間）終了前に下落し，後場（午後の取引時間）開始直後に上昇し，その後下落する

上記の動きが見られた銘柄でも，最終的には日足チャートに沿う動きに戻ります．しかし，この一瞬の株価の動きに便乗して売買を行い，利益を出すこともできます．このアノマリーを利用して，1日で売買を完結する**デイトレード**の戦略について説明します．

9.2.2 分足データを取得する

デイトレードのように短い時間での株価の動きを分析するには，日単位ではなく分単位のデータが必要です．分単位での株価データを取得するために，それに対応したライブラリ **yahoo_finance_api2** を利用します．これは，7.3.1 項で紹介した yfinance と同じく米国 Yahoo! Finance の株価データを取得するものです．ですが，yahoo_finance_api2 では株価データの取得開始日時を指定することはできず，米国 Yahoo! Finance に存在する最新の株価データから遡った期間のもののみを取得できます．この点に気をつけてください．

yahoo_finance_api2 は pip でインストールできます．

[リスト 9.17] yahoo_finance_api2 のインストール

```
!pip install yahoo_finance_api2
```

yahoo_finance_api2 では，次の Share メソッドでインスタンスを生成して処理を行います．

[構文 9.18] yahoo_finance_api2 のインスタンス生成

```
Share("%銘柄コード%.T")
```

「T」は東証を意味し，こう書くと東証に上場している銘柄のみが対象になります．株価データを取得するメソッドは，get_historical メソッドです．get_historical メソッドの構文は次のとおりです．

[構文 9.19] get_historical メソッド

```
get_historical(%期間指定%, %期間%, %頻度指定%, %頻度%)
```

期間は，表 9.3 のプロパティで指定できます．

表9.3　期間指定を表すプロパティ

名前	概要
PERIOD_TYPE_DAY	日
PERIOD_TYPE_WEEK	週
PERIOD_TYPE_MONTH	月
PERIOD_TYPE_YEAR	年

頻度についても同様に，表9.4のプロパティで指定できます．

表9.4　頻度指定を表すプロパティ

名前	概要
FREQUENCY_TYPE_MINUTE	分
FREQUENCY_TYPE_DAY	日
FREQUENCY_TYPE_MONTH	月
FREQUENCY_TYPE_YEAR	年

頻度に FREQUENCY_TYPE_MINUTE プロパティを指定することで，分足の株価データを取得できます．取得できるデータは，リアルタイムではなく30分〜1時間ほど遅れたデータです．したがって，リアルタイムに分足データを解析するのではなく，「直近○日でどのような傾向があるか」という分析を行うのが適切です．

get_historical メソッドを利用して，サイバーエージェント (4751) の直近2ヶ月の15分足データを取得する処理は，次のとおりです．

[リスト 9.20] サイバーエージェント (4751) の直近2ヶ月の15分足データの取得（Ch9_2.ipynb 抜粋）

```
# サイバーエージェントの直近2ヶ月の15分足データ
data = yapi2.Share("4751.T").get_historical(
        yapi2.PERIOD_TYPE_MONTH, 2,
        yapi2.FREQUENCY_TYPE_MINUTE, 15)

# データフレームに変換
df = pd.DataFrame(data)

# 確認
df.tail()
```

サンプルを実行すると，図9.16のように株価データを取得できます．

取得した株価データは，タイムスタンプがキーとなったデータフレームです．タイムスタンプを DateTime 型に変換し，さらに日本時間に修正する処理を行います．

	timestamp	open	high	low	close	volume
955	1650257100000	1456.0	1461.0	1456.0	1460.0	35400.0
956	1650258000000	1460.0	1461.0	1459.0	1459.0	32800.0
957	1650258900000	1459.0	1462.0	1458.0	1460.0	112600.0
958	1650259800000	1460.0	1461.0	1458.0	1460.0	109100.0
959	1650260700000	1460.0	1464.0	1460.0	1462.0	118200.0

図 9.16　15 分単位での株価データ

[リスト 9.21]　日本時間に修正（Ch9_2.ipynb 抜粋）

```
# タイムスタンプを DateTime 型に変更
df["datetime"] = pd.to_datetime(df["timestamp"], unit="ms")

# 日本時間へ変換
df["Date"] = df["datetime"] + dt.timedelta(hours=9)

# インデックスを Date カラムに
df.index = df["Date"]

# 不要なカラムを削除
del df["Date"], df["datetime"], df["timestamp"]

# 確認
df.head()
```

　タイムスタンプから DateTime 型への変換は，Pandas の to_datetime メソッドで行います．このときに，単位 (unit) を「ms（ミリ秒）」に指定します．変換された DateTime 型は世界標準時間なので，datetime の timedelta メソッドで 9 時間を加算して日本時間にします．

　作成した日本時間を Date カラムに収めて，インデックスにします．データフレーム内の Date／datetime／timstamp の各カラムはこれ以降使わないので，del ステートメントで削除します．サンプルを実行すると，図 9.17 のように 15 分単位での株価データが確認できます．

　「2022-02-10 09：00」のカラムは，「2022-02-10 09：00 ～ 09：15」の 15 分間の株価データです．yahoo_finance_api2 から取得したデータは，開始時間だけが掲載されていて終了時間はないので，「2022-02-10 09：00」のみ表示されます．インデックスの日時を確認して，15 分間の株価データであることを忘れないでください．

		open	high	low	close	volume
	Date					
09:00 ～ 09:15 ------	**2022-02-18 09:00:00**	1467.0	1476.0	1461.0	1462.0	192100.0
09:15 ～ 09:30 ------	**2022-02-18 09:15:00**	1462.0	1469.0	1456.0	1462.0	265000.0
09:30 ～ 09:45 ------	**2022-02-18 09:30:00**	1462.0	1478.0	1462.0	1473.0	214100.0
09:45 ～ 10:00 ------	**2022-02-18 09:45:00**	1473.0	1490.0	1473.0	1486.0	164400.0
10:00 ～ 10:15 ------	**2022-02-18 10:00:00**	1487.0	1490.0	1481.0	1483.0	112900.0

図 9.17　15 分単位での株価データ

> **知っておきたい！Python 文法**
>
> 　datetime ライブラリの timedelta メソッドは，時系列計算用のオブジェクトを生成します．「hours=9」の引数で実行すると，9 時間後の日時オブジェクトを生成します．
> 　hours のほかにも，senconds, minutes, days, months, years の各単位で日時を算出できます．

　ここで，15 分足のローソク足チャートを表示してみます．15 分足では 1 時間に 4 本のローソク足を表示します．相場が開いている時間（9:00 ～ 15:00）までの 6 時間は 15 分足の 24 本分なので，直近 24 行のデータフレームをチャートに表示します．

[リスト 9.22] 15 分足のローソク足チャート（Ch9_2.ipynb 抜粋）

```python
import plotly.graph_objs as go
import pandas as pd

layout = { "xaxis" : { "rangeslider": { "visible": False } },
           "yaxis": { "title": " 価格 (円)", "tickformat": "," },
           "plot_bgcolor":"light blue" }

# 直近 1 日の 15 分足を H:M の時刻表示でチャート表示
rdf = df.tail(24)
rdf.index = pd.to_datetime(rdf.index).strftime("%H:%M")

# ローソク足
data = [ go.Candlestick(x=rdf.index,
         open=rdf["open"], high=rdf["high"],
         low=rdf["low"], close=rdf["close"],
         increasing_line_color="red",
         decreasing_line_color="gray")]

fig = go.Figure(layout = go.Layout(layout), data = data)
fig.show()
```

yahoo_finance_api2 で取得できる株価データの OHLC データのカラム名は小文字なので，その点だけ気をつけてください．横軸のインデックスを時刻表示にする以外はこれまでのローソク足チャートの表示と同じ処理です．サンプルを実行すると，図 9.18 のような 15 分足のローソク足チャートが表示されます．

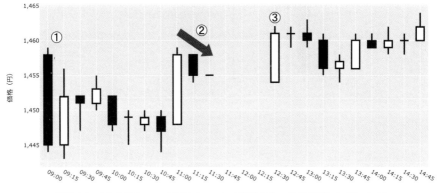

図9.18　15分足のローソク足チャート（陽線を白，陰線を黒にしています）

yahoo_finance_api2 では，直近の株価データのみ取得できます．サンプルを実行した際に，上記と異なるチャートが表示されるでしょう．ここでは，上記のチャートが表示されたものとして説明を続けます．

①では，9:00 ～ 9:15 の間に長い陰線が出現し，相場が始まった直後に大きく株価が下がったことがわかります．その直後の 9:15 ～ 9:30 では長い陽線が出現し，ここでは株価が大きく上がったことがわかります．つまり，相場が始まった直後に下落した後，上昇すると判断できます．アノマリーどおりに，9:00 ～ 9:15 の間で下がったところで買い，9:15 ～ 9:30 の上がったところで売ることで，利益が得られることがわかります．

さらに，前場が終了する 11:30 に向けて株価が下がっていることも，ローソク足からわかります（②）．11:30 ～ 12:30 の間は市場が昼休みなのでデータはなく，ローソク足は表示されません．昼休みが終わった後の 12:30 ～ 12:45 の間（③）に大きな陽線が出現し，ここで大きく株価が上がったことがわかります．前場が終了する 11:30 までに買い，昼休みを挟んで後場が始まった直後の 12:30 ～ 12:45 の間で売るのがよいことがわかります．

9.2.3 15 分足を利用したアノマリー戦略

15 分足での株価の動きがわかったところで，アノマリーを利用した売買を考えます．9:00 ～ 9:15 の間の株価が下がっているところで買い，9:15 ～ 9:30 の株価が上がっ

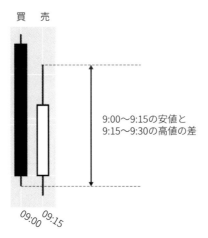

図9.19　アノマリーを利用した売買のイメージ

たところで売る，というのが最も早く利益を出せそうです．このイメージは図9.19の
とおりです．

　この売買戦略は，9:00 〜 9:15の安値を9:15 〜 9:30の高値が上回りやすければ，
成功する確率は高いと考えられます．15分足の株価データを作成しているので，日々
の9:00 〜 9:15の安値と9:15 〜 9:30の高値を比較してみます．

　まず最初に，9:00 〜 9:15の株価データと9:15 〜 9:30の株価データを取得します．

[リスト9.23] 9：00 〜 9：15の株価データの取得（Ch9_2.ipynb抜粋）

```
df_900 = df.at_time(dt.time(9,0,0))
df_900.tail()
```

　9:00 〜 9:15の株価データは，株価のデータフレーム内の「09:00:00」の時刻が含
まれている行にあたります．そこで，at_timeメソッドでインデックスが「09:00:00」
の時間に該当するものを抽出します．

> **知っておきたい！Python文法**
>
> 　Pandasのat_timeメソッドは，インデックスがDateTime型の場合に該当する時刻のものを
> 抽出します．サンプルの場合は年月日は不要なので，at_timeメソッドに9:00の時刻オブジェク
> トを指定して該当する行を抽出しています．

　サンプルを実行すると，図9.20のように9:00 〜 9:15の株価データが取得できてい
ることがわかります．

	open	high	low	close	volume
Date					
2022-04-12 09:00:00	1462.0	1467.0	1447.0	1451.0	314600.0
2022-04-13 09:00:00	1454.0	1477.0	1454.0	1471.0	299300.0
2022-04-14 09:00:00	1506.0	1512.0	1498.0	1499.0	322900.0
2022-04-15 09:00:00	1470.0	1470.0	1455.0	1457.0	297400.0
2022-04-18 09:00:00	1458.0	1459.0	1444.0	1445.0	156900.0

図 9.20　9:00 〜 9:15 の株価データ

同様の手順で 9:15 〜 9:30 の株価データも抽出します（図 9.21）.

[リスト 9.24] 9:15 〜 9:30 の株価データの取得（Ch9_2.ipynb 抜粋）

```
df_915 = df.at_time(dt.time(9,15,0))
df_915.tail()
```

	open	high	low	close	volume
Date					
2022-04-12 09:15:00	1452.0	1470.0	1447.0	1468.0	135800.0
2022-04-13 09:15:00	1471.0	1478.0	1468.0	1477.0	148800.0
2022-04-14 09:15:00	1498.0	1501.0	1493.0	1498.0	172900.0
2022-04-15 09:15:00	1457.0	1459.0	1452.0	1457.0	133700.0
2022-04-18 09:15:00	1445.0	1456.0	1443.0	1452.0	107400.0

図 9.21　9:15 〜 9:30 の株価データ

　2 つのデータフレームの高値と安値を比較し，その差が正であれば利益を出しやすいと判断できます．しかし，2 つのデータフレームのインデックスが異なるので，比較ができません．そこで，2 つのデータフレームのインデックスをリセットして連番のインデックスにすることで，比較できるようにします．この処理のイメージは図 9.22 のとおりです.

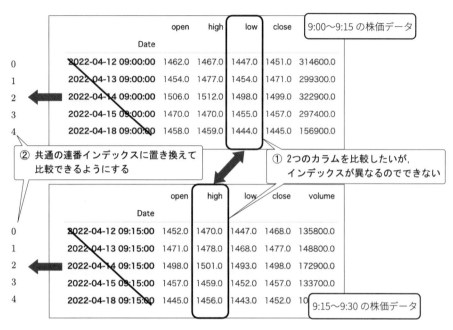

図 9.22　処理のイメージ

データフレームのインデックスのリセットとカラムの比較は，次のように行います．

[リスト 9.25] 9:00 〜 9:15 の高値と 9:15 〜 9:30 の安値の比較（Ch9_2.ipynb 抜粋）

```
df_900 = df_900.reset_index(drop=True)
df_915 = df_915.reset_index(drop=True)

diff = df_915["high"] - df_900["low"]
diff.tail()
```

Pandas の reset_index メソッドを用いて，比較する両方のデータフレームでインデックスをリセットします．その後で high カラムと low カラムの差を算出します．サンプルを実行すると，差が格納されたシリーズを確認できます（図 9.23）．

この差分がプラスになっているものがどれくらいあるかの割合を算出します．

[リスト 9.26] 差分がプラスになっている割合を算出（Ch9_2.ipynb 抜粋）

```
import math

diff_plus = diff[diff >= 0]
math.ceil(len(diff_plus)/len(diff) * 100)
```

差分をまとめたシリーズ diff 内がプラスであるものは，「[]」の中で 0 より大きい条

```
37     4.0
38    12.0
39     9.0
40     8.0
41    28.0
dtype: float64
```

図9.23　9:00 〜 9:15の高値と9:15 〜 9:30の安値の比較

件を指定して取得できます．取得したシリーズと元のシリーズの長さをパーセントで表示することで，2つの差分がプラスである割合を計算できます（図9.24）．

100

図9.24　差分がプラスになっている割合を算出

知っておきたい！Python 文法

　mathライブラリは，数学的な処理を行います．サンプルでは，小数点以下を切り上げるceilメソッドを実行して，割合を整数で表示しています．

　サンプルを実行すると，100％であることがわかります（2022年4月20日現在）．9:00 〜 9:15の間に，たとえば証券会社のアプリで分足チャートを見ながら低くなったと思えるとこで買い注文を出し，9:15 〜 9:30の間の高くなったところで売り注文を出すことで，高い確率で利益を出すことができると考えられます．

◯ まとめ

　本章では，実際に株式取引を行う前の段階の準備として，バックテストとアノマリーによる戦略について説明しました．バックテストで利用する取引のルール，1日で起こるアノマリーについては銘柄との相性があります．また，実際に株式取引を行う人と手法との相性もあります．Pythonを使うことで，比較的短時間でさまざまな手法を検討することができます．実際に株式取引を始める前に，ぜひとも自分に合ったわかりやすい売買ルールを見つけるようにしてください．

索 引

著者略歴

WINGS プロジェクト

片渕彼富（かたふち・かのとみ）

執筆コミュニティ「WINGS プロジェクト」所属のライター．旅行，EC，アイドル関係のコンテンツ会社勤務後，フリーへ．Swift や Kotlin を使ったアプリ開発が主な業務．主な著書に「Swift ポケット リファレンス」「iPhone/iPad 開発ポケットリファレンス」（技術評論社）など．

監修者略歴

山田祥寛（やまだ・よしひろ）

静岡県榛原町生まれ．一橋大学経済学部卒業後，NEC にてシステム企画業務に携わるが，2003 年 4 月に念願かなってフリーライターに転身．Microsoft MVP for Visual Studio and Development Technologies．執筆コミュニティ「WINGS プロジェクト」の代表でもある．最近の活動内容は，著者サイト（https://wings.msn.to/）にて．

Python でできる！ 株価データ分析

2023 年 1 月 26 日　第 1 版第 1 刷発行
2024 年 9 月 10 日　第 1 版第 5 刷発行

著者　　WINGS プロジェクト　片渕彼富
監修　　山田祥寛

編集担当　太田陽喬（森北出版）
編集責任　藤原祐介，宮地亮介（森北出版）
組版　　　コーヤマ
印刷　　　丸井工文社
製本　　　同

発行者　森北博巳
発行所　森北出版株式会社
　　　　〒102-0071　東京都千代田区富士見 1-4-11
　　　　03-3265-8342（営業・宣伝マネジメント部）
　　　　https://www.morikita.co.jp/

MEMO

MEMO

MEMO

MEMO